铁路货运岗位作业培训教材

铁路鲜活货物运输

《铁路货运岗位作业培训教材》编委会　编

中国铁道出版社有限公司

2021年·北　京

内 容 简 介

本书为《铁路货运岗位作业培训教材》中的一种，内容包括概述、易腐货物运输、活动物运输、冷链装备、安全风险及管控措施、案例与问题解析等。本书立足国家职业标准、铁路行业标准、规章制度的要求，结合新技术、新设备、新业务的发展与运用，重点突出铁路鲜活货物运输作业人员应知应会、实作技能、应急处置、案例分析，具有较高的科学性、规范性和实用性。

本书可供铁路鲜活货物运输作业人员培训与自学使用，也可作为相关管理人员的参考用书。

图书在版编目(CIP)数据

铁路鲜活货物运输/《铁路货运岗位作业培训教材》编委会编. —北京：中国铁道出版社有限公司，2021.6
铁路货运岗位作业培训教材
ISBN 978-7-113-27860-1

Ⅰ.①铁… Ⅱ.①铁… Ⅲ.①铁路运输-鲜活货物运输-岗位培训-教材 Ⅳ.①U295.4

中国版本图书馆 CIP 数据核字(2021)第 059304 号

书　　名：铁路鲜活货物运输
作　　者：《铁路货运岗位作业培训教材》编委会

责任编辑：秦绪涛　　**编辑部电话**：(010)51873024
封面设计：郑春鹏
责任校对：焦桂荣
责任印制：高春晓

出版发行：中国铁道出版社有限公司(100054，北京市西城区右安门西街 8 号)
网　　址：http://www.tdpress.com
印　　刷：国铁印务有限公司
版　　次：2021 年 6 月第 1 版　2021 年 6 月第 1 次印刷
开　　本：880 mm×1 230 mm　1/32　印张：3.5　字数：65 千
书　　号：ISBN 978-7-113-27860-1
定　　价：18.00 元

编委会

前　　言

当前，我国铁路事业实现了长足发展，高速铁路、高原铁路、高寒铁路、重载铁路等领域技术已达到世界领先水平。近年来，一批新建和改造的货场、物流基地投产，货车、装卸设施设备更新升级，货运信息化建设水平提高，都为货运发展植厚了根基，同时也对货运系统职工队伍素质提出了新的更高要求。

人才培养，是新时代提高服务质量、保障运输安全的基石；职工培训，是满足铁路向现代物流企业转型、提供高素质技能人才支撑的重要途径。铁路货运业务涉及范围广，岗位工种分类细，规章数量多、关联性强、修改频繁，迫切需要梳理和建立一套完善的专业培训教材。教材不仅是劳动者终生教育和职业生涯发展的主要工具，而且是提高培训质量的重要保障。为此，广州局集团公司聚焦“交通强国、铁路先行”，组织开发了实用性、针对性、操作性强的《铁路货运岗位作业培训教材》。

《铁路货运岗位作业培训教材》由广州局集团公司货运部、职工培训部共同牵头组织，广州货运中心、长沙货运中心、衡阳职工培训基地分工负责，集中了优秀工程技术人员、工匠、首席技师编写及审定。教材涵盖了铁路货运基础知识、铁路货运票据电子化、铁路货运劳动安全、货物装载加固及超限超重运输、铁路集装箱运输、铁路鲜活货物运输、铁路货物班列运输、铁路货车篷布运用、铁路专用线货物运输、铁路货物保价及损失处理、特种设备和特种作业、铁路货运计量安全检测设备运用、铁路抑尘作业、铁路货物运输计费 14 个方面的专业内容。教材坚持继承与创新相结合，充分体现了新技术、新设备、新业务的发展与运用；教材坚持科学性与规范性，依据铁路行业标准的基本要求编写，准确体现了国家职业标准、铁路行业标准、规章制度的要求；教材坚持实用可行性原则，重点突出了应知应会、实作技能、应急处置、案例分析，既便于现场职工培训与自学，又利于管理人员提高工作水平。

本套教材适用于货运各工种适应性培训，也适用于职工新职、转岗、晋升的资格性培训和职业技能鉴定培训。在教材编写与审定过程中，得到了湖南高速铁路职业技术学院、北京扬天科技有限公司以及广州局集团公司有关部室、单位的大力支持，在此一并表示感谢。

《铁路货运岗位作业培训教材》编委会

2021 年 5 月

目　录

第一章 概　　述

第一节 定　　义

铁路鲜活货物，是指在铁路运输过程中需要采取制冷、加温、保温、通风、上水等特殊措施，以防止出现腐烂、变质、冻损、生理病害、病残死亡等问题的货物。

鲜活货物一般是有生命或生命现象及经过冷冻加工的货物，在流通、保管过程中需要有适宜的储运环境、生存条件来维持其生命、生理状态或物态。这是鲜活货物运输区别于其他货物运输的主要方面，也正是鲜活货物在铁路运输过程中必须采取特殊防护措施和服务工作的原因。

第二节 分　　类

铁路鲜活货物分为易腐货物和活动物两大类。

一、易腐货物

易腐货物包括肉、蛋、乳制品、速冻食品、冻水产品、鲜蔬菜、鲜水果、花卉植物等，常见品名见“易腐货物机械冷藏车运输条件表”(附录1)。易腐货物在鲜活货物中所占比例比较大,为了便于正确确定易腐货物的运输条件(如车种、车型、箱型的选用,装载方法的选取,以及运输方式、控温范围、途中服务的确定等),合理制定运价,提高综合经济效益,按其热状态分为冻结货物、冷却货物和未冷却货物。

1. 冻结货物是指经过冷冻加工成为冻结状态的易腐货物。该类货物包括速冻水果、速冻蔬菜、速冻调理方便食品、速冻果汁、冻水产品、(冻)肉类、油脂类中的冷冻动物油及冷冻酥油、禽蛋类中的冰蛋、乳制品中的冷冻乳品、冻奶油、冻人造奶油、冻乳酪以及糖果类中的冻巧克力等。

2. 冷却货物是指经过冷却处理,温度在冻结点以上的易腐货物。

3. 未冷却货物是指未经过任何冷处理,完全处于自然状态的易腐货物。如采收后以初始状态提交运输的瓜果、鲜蔬菜等。

二、活动物

活动物包括禽、畜、兽、蜜蜂、水产品等。

不同品类的鲜活货物有不同的生理特征和理化性质,对运输环境、生存条件的要求也不尽相同。例如,易腐货物需要保持适宜的温度和湿度,才不致腐烂变质;活动物必须满足其生存的基本条件才不会病残死亡。为此,铁路在运输易腐货物时,必须采取相应的制冷、保温、加温、通风、浇水等措施来调控运输环境（如温度、湿度），保证货物的质量；运输活动物时，则要采用供给饲料、饮用水及换水、增氧等方法来满足其生存的基本需求，防止活动物掉膘或病残、死亡。所以，只有根据不同品类的鲜活货物采取不同的特殊措施，才能保证货物的质量和安全。

第三节　基本要求

一、发送作业

托运的鲜活货物必须质量良好，无病残，包装适合货物性质并能保证铁路运输安全。按照货物性质、容许运输期限及运送全程的季节和气候条件选择合适的运载工具、装载方法和运送方法，并根据需要采取预冷、制冷、加温、保温、通风、上水或押运等措施，以最大限度地保持货物质量。

托运人要落实货源，备齐单证，准备好必要的货物安全防护用品。车站、托运人应密切配合，及时做好装车、搬运工作，并采取必要的防护措施，防止货物在装车、搬运过程中出现腐烂、变质、冻损、污染、生理病害、病残死亡等问题。

承运人应调配技术状态良好、干净清洁的铁路货车（集装箱），托运人在装车（箱）前必须检查车辆（集装箱）状况，发现状态不良不能保证货物安全和运输质量的，应及时提出，承运人应予调换；对不清洁的车辆（集装箱），车站要组织清扫、洗刷。按规定需要消毒的，由托运人按卫生部门和动物卫生监督部门要求办理。

鲜活货物的装载与加固应符合《铁路货物装载加固规则》《铁路超限超重货物运输规则》等有关技术要求。

二、运输组织

在鲜活货物运量集中的区段，应开行鲜活货物或以鲜活货物为主的班列、直达、快运等快速货物列车。在其他区段，应积极组织挂运快速货物列车。

承运人应根据鲜活货物季节性强、运量波动大、时间要求快的特点，加强运输组织工作，坚持优先受理、优先配空、优先进货装车、优先取送、优先编组、优先挂运。

各级调度对装有鲜活货物的列车、车辆应重点掌握，防止途中积压。对装有鲜活货物的车辆，除由于在中间站装（卸）车必须编入摘挂、小运转列车外，途中均应编入快运列车或直通、直达、区段列车。车辆在编组站、区段站的中转停留时间，原则上不得超过车站有关去向的货车中转停留时间，中转停留超时的，车站要主动联系上级调度部门尽快安排挂运。

三、到达作业

车站、收货人应密切配合，及时做好卸车、搬运工作，并采取必要的防护措施，防止货物在卸车、搬运过程中出现腐烂、变质、冻损、污染、生理病害、病残死亡等问题。

车站对到达的鲜活货物应及时组织卸车和搬出货场。

收货人领取货物时,必须将货物的装车备品、防护用品、衬垫物品等全部搬出。卸车单位负责将卸后的车辆和货位清扫干净。

铁路箱掏空后,掏箱单位应将集装箱清扫干净,将箱门关闭良好,撤除无关标记。

被动物、动物产品等污染的车辆(铁路箱)、货位,卸车(掏箱)单位要彻底洗刷除污,保证没有残留的污水、秽物。按规定需要消毒的,由收货人按卫生部门和动物卫生监督部门要求办理。车辆(铁路箱)洗刷除污、消毒后适当通风,晾干后再关门。机械冷藏车洗刷除污、消毒后须经车站和乘务组检查验收,棚、敞车和铁路箱洗刷除污、消毒后须经车站检查验收。卸车单位没有货车洗刷除污条件的,车站应根据调度命令填写"特殊货车及运送用具回送清单",向铁路局集团公司指定的洗刷除污站回送。

第四节 铁路冷链物流

一、国家冷链物流发展环境变化

我国冷链物流市场需求保持快速增长。随着国民经济的发展和人民生活水平的提高,人民对生鲜食品的品质提出了更高要求,同时国家"一带一路"倡议的实施以及国内自贸区试点的扩大，进出口生鲜食品的数量大幅增加，这些都将带动冷链物流总体需求快速增长。

我国冷链物流政策环境持续向好。新版《中华人民共和国食品安全法》的出台，对上下游环节的食品安全提出了更加严格的要求，冷链物流得到进一步重视和发展。冷链标准在不断制定完善，行业门槛逐步建成。此外，国家及地方政府也相继出台了很多冷链物流专项规划和扶持政策，这给冷链物流的发展创造了有利的环境。

我国经济增长方式正从粗放型向集约型转变，节能环保、绿色发展成为主旋律。冷链物流行业是能源消耗大户，在未来发展中，如何在满足冷链需求的同时不断降低综合能耗是需要深入研究的重大课题。

“互联网+”为创新冷链物流发展模式提出了更高要求。近年来，生鲜电商快速增长，促使传统的冷链物流格局发生重大变革，为冷链行业的发展提供了内生动力。

二、铁路冷链物流发展环境变化

随着我国高速铁路网的逐步建设和完善，铁路释放了大量运能资源，而国家产业结构的调整，传统的煤炭、矿石、木材等大宗物资需求明显减少，进一步释放了铁路货运能力，这为铁路大力发展冷链物流提供了运力保障。

铁路全行业正在加快推进货运向现代物流转型，开展了按实货制敞开受理，强化了“前店后厂”的运输组织方式，创新了灵活方便的“批零快运”“特需专列”等运输组织产品，推行了物流总包全程服务模式，取得了显著成效，这为铁路大力发展冷链物流提供了机制保障。

近年来铁路系统高度重视冷链物流的发展，在制定《“十三五”铁路物流发展规划》《铁路冷链物流网络布局“十三五”发展规划》《铁路物流基地布局规划及2015—2017年建设计划》等中均将推动冷链物流发展作为重点，这为铁路大力发展冷链物流提供了基础保障。

第二章　易腐货物运输

第一节　受理承运

一、禁止一批托运

运输易腐货物时存在下列情形的，不得按一批托运：

1. 易腐货物与非易腐货物不得按一批托运。

2. 根据货物的性质不能混装运输的货物，不能按一批托运。

另外，由于某些易腐货物会释放出一些有害气体（如乙烯）或易吸收异味（如禽蛋）时，不宜与其他货物混装按一批托运。

一般情况下，下列货物不得混装运输：

(1)具有强烈气味的货物和容易吸收异味的货物；

(2)易产生乙烯气体的货物和对乙烯敏感的货物；

(3)水果和肉类，蔬菜和乳制品。

某些易腐货物虽然都属于同一热状态货物，运输温度接近但货物性质有抵触，易造成货物受到湿损和污染，影响货物的质量和卫生状态，故不能按一批托运。

3. 使用机械冷藏车时，不同热状态的易腐货物不得按一批托运。按一批托运的易腐货物，一般限同一品名；不同品名的易腐货物，如运输温度要求接近、货物性质允许混装的，可按一批托运，在同一机械冷藏车内组织混装运输。

二、一般运输要求

易腐货物使用机械冷藏车运输时，其质量、温度、包装和选用车辆、装运方法，均应符合"易腐货物机械冷藏车运输条件表"、"易腐货物运输包装表"(附录2)、"易腐货物装载方法表"(附录3)的规定。发站应在装车时会同乘务组对货物的温度、质量、包装和安全防护用品进行抽查，并将抽查情况记录在"机械冷藏车作业单"(附录4)内。货物包装和破验部位的恢复由托运人负责。

易腐货物使用冷藏集装箱运输时，冷藏集装箱装箱前预检和温度设置等操作，以及箱内货物的质量、温度、包装和装载，由托运人负责，可参考"易腐货物机械冷藏车运输条件表""易腐货物运输包装表""易腐货物装载方法表"办理，且货物装载高度不得超过箱内限高标识线。

货物质量、包装、温度达不到要求时，承运人有权拒绝承运货物。

三、特殊情形运输

1. 商定运输条件协议运输

经过基因修改、非正常天然繁殖、使用过生长激素或经过化学药物处理等降低了耐储运性的果蔬使用机械冷藏车运输时，托运人应与发站和乘务组商定运输条件，签订运输协议，并将运输条件记录在货物运单"托运人记事”栏和“机械冷藏车作业单”内。

使用机械冷藏车运输易腐货物时，托运人要求不按《铁路鲜活货物运输规则》(简称《鲜规》)规定条件办理，应在确认货物不致出现腐烂、变质、冻损等问题的前提下，与发站和乘务组商定运输条件，签订运输协议，并将运输条件记录在货物运单“托运人记事”栏和“机械冷藏车作业单”内。

2. 未列名易腐货物运输

(1)比照类似品名的协议运输

“易腐货物机械冷藏车运输条件表”中未列的易腐货物使用机械冷藏车运输时，如货物热状态、货物包装、装车时质量要求、运输温度及装载方式可比照类似品名货物时，托运人应与发站和乘务组商定运输条件，签订运输协议，并将比照的品类顺号、货物品名、运输条件记录在货物运单“托运人记事”栏和“机械冷藏车作业单”内。

(2)无法比照其他品名的试运

“易腐货物机械冷藏车运输条件表”中未列、且无法比照其他品名办理的易腐货物使用机械冷藏车运输时，应按如下规定试运：

①试运前，托运人应与发站商定运输条件，提出“铁路易腐货物试运申请表”(附录5)一式三份，托运人、发站、发送铁路局集团公司各一份。

②发站将“铁路易腐货物试运申请表”报铁路局集团公司，经批准后组织试运，铁路局集团公司将有关情况上报中国国家铁路集团有限公司(简称国铁集团)备案并抄

送相关铁路局集团公司。

③托运人应将试运批准号和运输条件记录在货物运单“托运人记事”栏和“机械冷藏车作业单”内。

④发站在确认首批试运货物安全抵达到站后，方可发出次批试运货物。同一发站、品名、运输条件的货物，首批试运不得超过 4 车。试运期不得超过 1 年。

⑤试运期间，如货物在运输过程中出现腐烂、变质、冻损等问题，须立即停止试运。发站应组织有关人员分析损失原因，并将结果报铁路局集团公司。需要继续试运的必须制定改进措施，重新办理试运手续。

⑥试运结束后，发站应将试运总结报铁路局集团公司，铁路局集团公司将有关情况报国铁集团。

四、温度要求

使用机械冷藏车运输易腐货物，装车时的温度高于“易腐货物机械冷藏车运输条件表”规定或商定的运输温度的上限时，经托运人确认不影响货物质量的，可以组织运输，但托运人应与发站和乘务组签订运输协议。

使用冷藏集装箱运输易腐货物且需要途中供电服务的，应按规定填记“冷藏箱供电作业单”(附录 6)。车站接收冷藏集装箱时，冷藏集装箱的温度与托运人设定的运输温度相差明显(一般按 4℃掌握)，经托运人确认不影响货物质量的，可以组织运输，但应在“冷藏箱供电作业单”的备注栏内注明“温度不符，质量托运人自负”字样，并经托运人签认。

五、运单审核

1. 审核需求信息

托运易腐货物时，托运人应在货物运单“货物名称”栏内填记货物名称。着重检查托运人填写的货物名称是否按“易腐货物机械冷藏车运输条件表”中规定的具体品名填写。审核发到站营业办理限制、起重能力、专用线办理范围、临时停限装、接取送达等信息。

2. 审核“托运人记事”

托运易腐货物时，托运人应在“托运人记事”栏内注明易腐货物品类顺号、热状态及容许运输期限(日数)。易腐货物容许运输期限须大于铁路规定的运到期限 3 日以上。

使用冷藏集装箱运输易腐货物，且途中需要供电服务时，托运人应在货物运单注明“BX 车供电运输”字样，并在“托运人记事”栏内注明运输温度。

使用机械冷藏车运输易腐货物时，托运人应按附录 1 规定或与承运人商定的运输条件，在货物运单“托运人记事”栏内具体注明装载货物的运输温度要求和“途中控温”、“途中不控温”、“途中通风”、“途中不通风”等字样。

在同一机械冷藏车内组织混装运输时，托运人应与发站和乘务组商定运输条件，签订运输协议，并将运输条件记录在货物运单“托运人记事”栏和“机械冷藏车作业单”内。

托运人托运需检疫运输的易腐货物时，应按国家有关规定提出检疫证明，在货物运单“托运人记事”栏内注明检疫证明的名称和号码。

3. 审核证明文件

托运人托运需检疫运输的易腐货物时，应按国家有关规定提出检疫证明，车站凭此办理运输，并按规定在铁路货运电子商务系统中留存证明文件的影像资料。入境的国际铁路联运鲜活货物，凭海关的放行通知办理。

应提供检疫证明的易腐货物包括：

(1)列入应施检疫的植物、植物产品名单(见表 2-1-1)的植物和植物产品，运出发生疫情的县级行政区域之前；

表 2-1-1　应施检疫的植物及植物产品名单

名　称	依　据	产品名单
应施检疫的植物及植物产品名单	中华人民共和国农业部公告第 1216 号(2009 年 6 月 4 日发布)	1. 稻、麦、玉米、高粱、豆类、薯类等作物的种子、块根、块茎及其他繁殖材料和来源于发生疫情的县级行政区域的上述植物产品
		2. 棉、麻、烟、茶、桑、花生、向日葵、芝麻、油菜、甘蔗、甜菜等作物的种子、种苗及其他繁殖材料和来源于发生疫情的县级行政区域的上述植物产品
		3. 西瓜、甜瓜、香瓜、哈密瓜、葡萄、苹果、梨、桃、李、杏、梅、沙果、山楂、柿、柑、橘、橙、柚、猕猴桃、柠檬、荔枝、枇杷、龙眼、香蕉、菠萝、芒果、咖啡、可可、腰果、番石榴、胡椒等作物的种子、苗木、接穗、砧木、试管苗及其他繁殖材料和来源于发生疫情的县级行政区域的上述植物产品
		4. 花卉的种子、种苗、球茎、鳞茎等繁殖材料及切花、盆景花卉
		5. 蔬菜作物的种子、种苗和来源于发生疫情的县级行政区域的蔬菜产品

续上表

名　称	依　据	产品名单
应施检疫的植物及植物产品名单	中华人民共和国农业部公告第1216号(2009年6月4日发布)	6. 中药材种苗和来源于发生疫情的县级行政区域的中药材产品
		7. 牧草、草坪草、绿肥的种子种苗及食用菌的种子、细胞繁殖体和来源于发生疫情的县级行政区域的上述植物产品
		8. 麦麸、麦秆、稻草、芦苇等可能受检疫性有害生物污染的植物产品及包装材料
	植物检疫条例实施细则(林业部分)(1994年7月26日林业部令第4号,2011年1月25日国家林业局令第26号修改)	1. 林木种子、苗木和其他繁殖材料
		2. 乔木、灌木、竹类、花卉和其他森林植物
		3. 木材、竹材、药材、果品、盆景和其他林产品

(2)种子、苗木和其他繁殖材料,不论是否列入应施检疫的植物、植物产品名单和运往何地;

(3)动物产品:指动物的肉、生皮、原毛、绒、脏器、脂、血液、精液、卵、胚胎、骨、蹄、头、角、筋以及可能传播动物疫病的奶、蛋等;

(4)法律法规规定的其他情况。

4. 审核承运人填记事项

(1)发站承运易腐货物后应在货物运单“承运人记事”栏标注“△K”(“△K”表示装运易腐货物)。“△K”对应标记应转记在“列车编组顺序表”记事栏内。

(2)冷藏集装箱(无论空重)、机械冷藏车、BX 型车组(不具备供电功能的除外)禁止溜放。车站应在冷藏集装箱的货物运单、特殊货车及运送用具回送清单内注明“禁止溜放”。

(3)机械冷藏车组和 BX 型车组车站应在货物运单内注明“连挂车组,不得拆解”。

(4)装车作业时,可将车辆门窗开启固定,用栅栏将货物挡住,并在货物运单“承运人记事”栏注明“㊉”(“㊉”表示开门窗运输)。

第二节　装车与卸车

一、车辆(集装箱)拨配

为了质量良好地运输易腐货物,铁路应根据货物的特性拨配适当的车辆(集装箱)装运。

装运易腐货物应使用冷藏车或冷藏集装箱(机械冷藏车的基本性能表、BX 型车的主要技术参数、铁路冷藏集装箱的主要技术参数详见第四章冷链装备)。在一定季节和区域内不易腐烂、变质、冻损的易腐货物,经托运人确认不影响货物质量的,承运人可根据托运人的要求,使用棚车或通用集装箱装运。

二、车辆(集装箱)使用

机械冷藏车、棚车装载货物的重量,不得超过车辆的标记载重量。冷藏集装箱总重应符合集装箱运输有关规定。

冷藏车、铁路冷藏集装箱严禁用于装运易污染、腐蚀和损坏车辆或箱体的非易腐货物(如煤炭、化肥、砖瓦等)。

无包装的水果、蔬菜(西瓜、哈密瓜、南瓜、冬瓜除外)等易污染、损坏车内设备或箱体的易腐货物不得用冷藏车、铁路冷藏集装箱装运。

为保护冷藏车和冷藏集装箱,保证货物安全,便于装卸作业,加速冷藏车和冷藏集装箱周转,无包装的水果、蔬菜、卤鱼等不得使用冷藏车和冷藏集装箱装运。因为水果、蔬菜带有大量的田间热并产生呼吸热,若不加包装货压货直接堆在车(箱)内,不但容易增加机械伤,影响货物质量,而且车(箱)内冷空气无法畅通循环,积热难以散发,货物易腐烂变质。另外,无包装的水果、蔬菜也不便于装卸,作业时间延长。西瓜、哈密瓜、南瓜、冬瓜等,本身比较结实,体积较大,只要不过高堆码,底层货物不会被压坏,货物间也有一定的自然空隙,冷空气能在货堆内循环流通,货物的热量可以得到散发,故可以使用冷藏车和冷藏集装箱装运。卤鱼有盐水渗出,对冷藏车和冷藏集装箱内部的金属构件有腐蚀作用,故不得使用冷藏车和冷藏集装箱装运。

1. 机械冷藏车

使用机械冷藏车运输易腐货物时,发站应与托运人商定进货、装车等事项,将计划装车时间、装车地点、货物品名及热状态、重量、到站等事项填记在“机械冷藏车(BX型车)装车通知单”内,于装车前12 h交给乘务组;两站分装的,第二装车站应在车辆到达后及时交给乘务组。乘务组应在装车前做好上水、补足油料、预冷车辆等工作。

使用机械冷藏车(包括空车回送和回空代用),应由发站逐级上报国铁集团调度部门,经国铁集团调度命令承认后方可使用。车站应将调度命令号码填记在“机械冷藏车(BX型车)装车通知单”(附录7)内。

为了减少空车走行或在易腐货物运输淡季增加冷藏车的使用次数,以及满足某些货物特殊的运输需要,可利用冷藏车装运粮食、食糖、百货以及某些药品等。但这些都属于冷藏车的非正常使用,且运输这些货物时往往又有特殊的限制或要求,所以车站利用冷藏车回空装运普通货物或冷藏、加温、保温运输非易腐货物时,应逐级上报。

使用机械冷藏车运输易腐货物时,在装车前必须预冷,待车内温度降低到规定温度后(协议运输从其约定),方可装车。对车辆进行预冷,是保证易腐货物质量的一项重要的技术作业。装车前如果对冷藏车进行预冷,使车内温度达到所装货物的适温范围最为理想,就可大大减少运输途中的冷消耗,有利于货物降温和保持合适的运输温度,有利于提高冻结或冷却货物的运输质量。

考虑到目前我国铁路冷藏运输的技术水平及运输组织工作的实际情况,《鲜规》规定机械冷藏车车内预冷温度:冻结货物为-3℃～0℃;香蕉为11℃～15℃;菠萝、柑橘为9℃～12℃;其他易腐货物为0℃～3℃。

2. 棚车

使用棚车装运时,应采取以下相应措施:

(1)易腐货物是否适合棚车运输,由托运人确定,并在运单“托运人记事”栏内记明“要求使用棚车,因此造成的货损自负”字样。

(2)运输途中各地区有外温低于-10℃时,使用棚车装运玻璃瓶装的酒、罐头、饮料类货物必须采取保温措施。

(3)采取防寒、保温、隔热措施时,所用材料应清洁无污染。

(4)装车作业时,对需要通风运输的水果、蔬菜等易腐货物要留有足够的通风空隙。同时可将车辆门窗开启固定,用栅栏将货物挡住,并在货物运单“承运人记事”栏注明“㊉开”,“㊉开”应转记在“列车编组顺序表”记事栏内。开启的门窗最外突出部位不得超限。

(5)使用棚车运输易腐货物时,是否需要押运由托运人确定。

3. 冷藏集装箱

上路运输的冷藏集装箱应符合铁路集装箱运输有关规定,并确保技术状态良好。使用外挂式发电机组的冷藏集装箱(图2-2-1),经发送铁路局集团公司同意后可组织运输。运输过程中,要确保发电机组安装稳固并采取有效防脱落措施，冷藏集装箱和发电机组的合计重量不得超过集装箱标记总重、车站起重能力、货车载重等规定限制。

图 2-2-1 使用外挂式发电机组的冷藏集装箱

冷藏集装箱发电机所用柴油装载量不得超过油箱容积的 95%。

使用 BX 型车组运输冷藏集装箱时，发站应于装车前 6 h 将“机械冷藏车（BX 型车）装车通知单”交给冷藏车乘务组。

使用冷藏集装箱运输易腐货物时，车站应与托运人、收货人商定冷藏集装箱进出站、站内接电等事项，减少冷藏集装箱非工作状态的站内停留时间，避免发生货损。具备冷藏集装箱接电条件的集装箱办理站见附录 8。

三、装卸车要求

易腐货物装卸车作业时，应轻拿轻放。开关车（箱）门时，严禁乱砸硬撬。

1. 机械冷藏车

易腐货物使用机械冷藏车运输时，应按“易腐货物机械冷藏车运输条件表”“易腐货物装载方法表”规定的方法装载。易腐货物装载要紧密堆码，稳固装载，留通风空隙。常见的装载方法有“品字形”“一二三、三二一”“井字形”“筐式装载法”。

在装卸车作业中应使用不致损坏车内设备的工具，不得挤碰循环挡板和挤占车体压筋之间的空隙，上层货物距离循环挡板至少应留出 50 mm 的空隙，不得在货物分层间使用影响通风的隔板。货物在车内的堆码，应当保证两侧车门能够方便开启。

在采取保温、防寒、防湿等措施时，严禁以钉、钻、铆等方式损坏冷藏车车体。

2. 冷藏集装箱

冷藏集装箱装卸和搬运时，应稳起轻放，避免冲撞，防止损坏。

装运冷藏集装箱应使用集装箱专用平车或共用平车，并符合集装箱运输有关规定。

为了规范冷藏集装箱运输管理，保证冷藏集装箱运输安全，使用冷藏集装箱运输时，装运方案应符合《国铁集团关于印发铁路集装箱和集装箱平车装运方案的通知》(铁货〔2019〕28 号)中“40(45)英尺柴电一体式冷藏集装箱装运方案”(附录 9)、“40 英尺外部供电式冷藏集装箱装运方案”(附录 10)、“40 英尺 35 t 隔热集装箱装运方案”(附录 11)、“45 英尺 35 t 新能源锂电池冷藏集装箱试装运方案”(附录 12)的相应规定。

3. 装卸时间

经过预冷的冷藏车装车时，应采取措施保持车内温度。

冷藏车的装卸车时间越长，冷藏运输时，对车辆和货物的冷消耗越多，装车后降温就越困难，卸车后货温上升的幅度也越大。因此，车站、冷藏车乘务组和托运人、收货人应加强装卸车组织工作，缩短装卸时间。易腐货物作业车停站时间原则上不得超过该站的货车停留时间。

单节机械冷藏车每辆装(卸)车作业时间(不包括洗车和预冷时间，下同)不得超过 3 h。

货物车为 4 辆的机械冷藏车组，每组装(卸)车作业时间不得超过 6 h，每车的装(卸)车作业时间不得超过 3 h。

四、作业指导和作业单填写

车站货运员和冷藏车乘务组应对装卸车作业进行指导，发现问题及时联系托运人、收货人共同解决。货物装车完毕，冷藏车乘务组应检查车门是否关闭严密，及时记录车内温度并开机调温。

车站、铁路专用线(专用铁路)、冷藏车乘务组要认真按车填写“机械冷藏车作业单”“冷藏箱供电作业单”，并做好传递交接工作。

第三节 运行组织

一、组织方法

机械冷藏车组和 BX 型车组,可组织同一到站卸车的两站分装,或同一发站装车的两站分卸。但两分装或分卸站应为同一径路,距离不超过 500 km。第一装车站的装车数或第二卸车站的卸车数不得少于全组车的一半(枢纽地区除外)。两站分装(卸)是指车组中不同货物车在不同车站装(卸)车,同一货物车只能在一个车站装(卸)车。机械冷藏车组中不同的货物车,可以装运温度要求不同的货物。

二、途中作业

1. 温度控制与供电

冷藏车乘务组应按附件 1 规定或商定的温度要求保持车内温度,对未冷却的易腐货物应在最短时间内将车内温度降到规定的范围。同时定期对车内温度状况进行监控,在装车后及运输途中,每隔 2 h 记录一次各车内的温度,每 6 h 填写一次“机械冷藏车作业单”。使用机械冷藏车装运水果、蔬菜和其他需要通风运输的货物时,应根据具体情况定期进行通风作业。

需要途中供电服务的冷藏集装箱装车后,冷藏车乘务组负责冷藏集装箱的电源连接、温度检查,发现影响正常运输的异常情况，应及时报告和处理。卸车前，车站应通知冷藏车乘务组，冷藏车乘务组应按规定做好检查记录，并将冷藏集装箱电源连接线拔出和复位；具备卸车条件后，冷藏车乘务组通知车站。未配备冷藏车乘务组的，相关工作由车辆配属单位负责。

BX 型车组的冷藏车乘务组应做好途中供电工作，确保冷藏集装箱供电正常，并在沿途车辆技检作业时，对冷藏集装箱温度进行检查和记录。未配备冷藏车乘务组的，车辆配属单位要做好远程监控和应急处置工作。

2. 途中上水

需中途上水的机械冷藏车、BX 型车组应编在列车中部，乘务组应提前拍发电报将有关情况通知前方上水站（表 2-3-1）。机械冷藏车、BX 型车组需要上水时，各车站应予以支持并免费供水。

表 2-3-1　上水站站名表

铁路局集团公司	上水站站名
哈尔滨	哈尔滨南、三间房、南岔、牡丹江、让湖路、佳木斯、绥化、加格达奇、博克图、北安、塔河、伊图里河、海拉尔
沈　阳	山海关、裕国、苏家屯、四平、通辽、梅河口、大安北、赤峰、锦州
北　京	丰台西、沙岭子西、承德、隆化、德州、蓟州、衡水、邯郸、唐山北、唐山东
太　原	大同、临汾、运城
呼和浩特	集宁南、包头、临河、正镶白旗、大板
郑　州	郑州北、商丘北、月山、三门峡西、洛阳东、平顶山西
武　汉	武汉北、襄阳北

续上表

铁路局集团公司	上水站站名
西　安	新丰镇
济　南	济西
上　海	南翔、阜阳北(仅下行方向)、芜湖东、蚌埠东
南　昌	鹰潭
广　州	株洲北、怀化西
南　宁	玉林、南宁南、黎塘、凭祥、金城江、茂名西、湛江
成　都	达州
昆　明	宣威、威舍、红果、蒙自、河口北
兰　州	天水、兰州、银川、中卫、嘉峪关、张掖、平凉、陇南
乌鲁木齐	柳园、吐鲁番、奎屯、阿拉山口、库尔勒、阿克苏、喀什
青　藏	无

为便于检修和管理,机械冷藏车和 BX 型车组(有人值乘)临时备用时,应停留在有上水条件的枢纽地区或车站。

3. 保留与变更

装有易腐货物的车辆,在运行途中不得保留。遇有特殊情况需要保留时,保留站应立即向铁路局集团公司调度、货运部门报告,同时采取措施妥善处理,并编制普通记录说明原因。

易腐货物需要变更到站时,可办理一次,但容许运输期限要大于重新计算的运到期限 3 日以上。

第四节　问题处理与责任划分

一、问题处理

装有易腐货物的车辆、集装箱因技术状态不良等原因发生滞留不能继运时，滞留站应及时报告铁路局集团公司调度、货运部门，并尽量组织按原运输条件倒装。由于气温、技术条件等限制不能倒装又不宜在当地处理的货物，滞留站应通知发、到站及时联系托运人、收货人，并限时提出处理办法。超过要求时间未接到答复或因等候答复使货物造成损失时，由发生地铁路局集团公司与发送铁路局集团公司协商处理。

途中各站发现冷藏集装箱箱门开启、油箱漏油、电源连接线脱落等问题，影响运输安全时，应及时处理和报告。甩车处理的，必要时应通知箱主单位或托运人配合处置。

运输途中发现易腐货物腐烂、变质、冻损、污染、生理病害、病残死亡等问题时，发现单位应立即通知车站联系托运人、收货人并妥善处理，防止货物损失扩大。

处理货物腐烂、变质情况时，应扣除运输途中的合理损耗。

易腐货物运抵到站，联系不到收货人或收货人拒绝领取时，到站应自发出领货通知次日起（不能实行领货通知时，为卸车完了的次日）或收货人拒绝领取之日起，1 日内及时通知发站和托运人，征求处理意见。托运人自接到通知之日起，2 日内提出处理意见答复到站。对于超过容许运输期限仍无人领取的货物，或收货人拒领而托运人又未按规定期限提出处理意见的货物，或虽未超过上述期限，但是货物已开始腐坏、变质时，到站可按无法交付货物或依据有关规定处理。

到达货物出现腐烂、变质、冻损、污染、生理病害、病残死亡等问题时，到站应立即组织卸车并按规定编制货运记录，使用机械冷藏车的应会同乘务组组织卸车。收货人有异议的，不得拒绝卸车或中途停止卸车，否则因此造成的扩大损失由收货人承担。

发现食品运输污染的，应立即向铁路食品安全监管办公室报告。

二、责任划分

承运人按与托运人商定的运输条件或签订的运输协议组织运输，以及托运人要求使用棚车运输易腐货物，除承运人责任外，货物质量由托运人负责。

使用冷藏集装箱运输易腐货物，不需要途中供电服务的，承托双方凭箱号、封印和箱体外状交接；在承运人的运输责任期内，箱体没有发生危及货物安全的损坏，箱号、施封号码与运单记载一致，施封有效时，箱内货物质量由托运人负责。

使用冷藏集装箱运输易腐货物，需要途中供电服务的，承托双方凭箱号、封印、箱体外状和箱内温度交接；在承运人的运输责任期内，箱体没有发生危及货物安全的损坏，箱号、施封号码与运单记载一致，施封有效，途中供电正常时，箱内货物质量由托运人负责。

使用自备冷藏集装箱运输易腐货物，因冷藏集装箱自身质量问题造成损失的，由托运人负责；由此需要途中倒装的，相关费用由托运人承担。

使用铁路冷藏集装箱运输易腐货物，因冷藏集装箱自身质量问题造成损失的，由箱主单位负责；因操作不当造成货物损失和冷藏集装箱故障、破损的，由使用单位负责。

第三章　活动物运输

第一节　受理承运

一、蜜蜂运输要求

托运蜜蜂时，托运人要按车填写物品清单（一式两份，一份留站存查，一份托运人自留）。物品清单要记明蜜蜂的空箱数、有蜂箱数、押运人所带的生活用品，饲养工具及蜜蜂饲料等。

蜜蜂进站时，托运人必须在蜂箱巢门外安装好纱罩，防止蜜蜂飞出蜇人，遮蔽信号，影响车站作业和行车安全。蜂箱巢门未安装纱罩的，发站不得承运。

装蜜蜂的车辆与装载农药的车辆原则上不得编挂在同一列车上。如因车流不足、分别挂运有困难，在本次列车运行全程内不发生列车折角转向运行的条件下，可编入同一列车内，但应将蜜蜂车挂在农药车的前部，并隔离4辆以上。

蜜蜂车和生石灰车编在同一列车内时应隔离2辆以上，并将蜜蜂车挂在生石灰车的前部。

蜜蜂运输不办理变更到站。

为保证铁路作业安全，蜜蜂在车站和运输过程中不得放蜂。蜜蜂到达到站后，要尽快办理卸车、交付手续，并及时搬出货场。

二、猛禽猛兽托运要求

托运猛禽、猛兽时，托运人应与发站商定运输条件和运输防护方法，报发送铁路局集团公司批准。跨局运输时，发送铁路局集团公司应将商定的事项通知相关铁路局集团公司。托运人应在货物运单“托运人记事”栏内注明商定的运输条件和运输防护方法。

三、运单审核

1. 检查需求信息是否完整、准确。着重检查托运人是否按规定提交物品清单，“托运人记事”栏内容是否齐全。

2. 审核发到站营业办理限制、专用线办理范围、临时停限装、接取送达等信息。

3. 审核证明文件。

托运动物时，托运人应按国家有关规定提出检疫证明，在货物运单“托运人记事”栏内注明检疫证明的名称和号码。车站凭此办理运输，并按规定在铁路货运电子商务系统中留存证明文件的影像资料。入境的国际联运活动物，凭海关的放行通知办理。

4. 选择添加、填记承运人标准记事和运输戳记等相关记事。

(1)承运活动物时，发站应在货物运单“承运人记事”

栏标注“活动物”和“禁止溜放”。托运人提出需要途中上水的，发站在货物运单注明。

(2)装运活动物的车辆可开启门窗，但应采取措施防止大牲畜头部伸出，并在货物运单“承运人记事”栏注明“㊉”。

第二节　装车与卸车

一、选车要求

装运活动物应选用专用车辆、敞车或有窗的棚车。

装运牛、马、骡、驴、骆驼等大牲畜，应使用木(竹)地板货车，并采取有效措施将活动物拴紧；确因木(竹)地板货车不足需要使用其他货车时，应采取衬垫等防滑措施。

装运活鱼不得使用全钢棚车及车窗不能开启的棚车(采用增氧机运输的除外)。托运人随车携带增氧机时，必须配带 1 至 2 只灭火器。随车携带的动力用柴油不得超过 100 kg。柴油应盛装于小口塑料桶内，口盖必须拧紧，严密不漏。严禁使用汽油动力增氧机，严禁携带汽油上车。

二、装载要求

禽、畜可单层或多层装载，每层的装载数量由托运人根据季节、运输距离、活动物的体积及选用的车种车型等情况确定。

装运活动物的车辆可开启门窗，但应采取措施防止大牲畜头部伸出，并在货物运单“承运人记事”栏注明“㊉”，“㊉”应转记在“列车编组顺序表”记事栏内。对开启的车门应捆绑牢固，并用栅栏将活动物挡住。开启的门窗最外突出部位不得超限。

三、卸车要求

收货人领取活动物后，货位上还残存有装车时防护、衬垫物品和装车备品，以及饲料碎屑及动物粪便等污物及异臭气味，因此收货人必须认真进行清扫、洗刷除污。发现有病畜禽及死畜禽的应按规定或依照防疫部门的处理意见进行消毒。一方面是便于场地的复用，另一方面也是为了防止疫病传播或疫情扩大。

第三节　运行组织

一、押运

运输活动物时，托运人必须派熟悉动物特性的押运人随车押运，负责做好动物的饲养、饮水、换水、洒水、看护和安全工作。因此，运送活动物时，押运人的人数、携带物品应按规定办理。

押运人每车一至两人。

押运人携带物品只限途中生活用品和途中需要的饲料和饲养工具，并严格遵守“押运人须知”和铁路的有关规定。

为放蜂需要带的狗必须装在铁笼内，并交验检疫证明。

二、上水

活动物在中途上水，由铁路指定的上水站免费供应。

上水用具由托运人或押运人自备。

对挂有活动物需要上水车辆的列车，发站或上水站应拍发电报依次向前方上水站进行预报，上水站应将其接入备有上水设备的股道。上水预报电文内容和代号见表 3-3-1。

表 3-3-1　上水预报电文内容和代号

内容	开车月、日	车次	车型车号	货物品名	到站	收货人
代号	(1)	(2)	(3)	(4)	(5)	(6)

注：(1)在电文首部冠以“上水预报”字样。

(2)整列运输时，代号(3)只报车型、车数，不报车号。代号(6)由最后一个上水站向到站预报。

第四节　问题处理

运输过程中发现活动物染疫、疑似染疫、病死或死因不明时，押运人应及时通知车站。车站发现上述情况时，应及时向当地兽医主管部门、动物卫生监督机构或者动物疫病预防控制机构报告，同时拍发电报通知发、到站和上级主管部门，并采取隔离等控制措施，防止动物疫情扩散。严禁乱扔染疫、疑似染疫的活动物，病死或死因不明的活动物尸体。

活动物的排泄物以及垫料、包装物、容器等污染物应由押运人或收货人在铁路指定站或到站清除，并按动物防疫部门的规定处理，不得中途随意向车外抛撒，不得违规在中途站清扫和冲洗。

第四章　冷链装备

第一节　机械冷藏车

1. B_{22}、B_{23} 型机械冷藏车

B_{22}、B_{23} 型车组由 4 辆货物车＋1 辆工作车组成，如图 4-1-1、图 4-1-2 和表 4-1-1 所示。

图 4-1-1　B_{22} 型机械冷藏车

图 4-1-2　B_{23} 型机械冷藏车

表 4-1-1 B_{22}、B_{23} 机械冷藏车基本性能表

车型	自重/t	载重/t	容积/m^3	装货面积/m^2	车内装载尺寸/长(mm)×宽(mm)×高(mm)	最大外部尺寸/长(mm)×宽(mm)×高(mm)	门孔尺寸/宽(mm)×高(mm)	车组自重/t	车组载重/t	车组全长/m	车内可保持的温度/℃	特点
B_{22}	38	46	105	46	18 000×2 558×2 300	21 938×3 020×4 670	2 700×2 300	206	184	107.7	−24～+14	5节机械冷藏车组，1辆工作车，两端各2辆货物车
B_{23}	38.2	45.5	105	46	18 000×2 560×2 300	21 938×3 134×4 640	2 702×2 306	206	182	110.1	−24～+14	5节机械冷藏车组，1辆工作车，两端各2辆货物车

2. B_{10} 型机械冷藏车

B_{10} 型车为单节车，是由中车长江公司制造，载重 38 t、容积 100 m^3，如图 4-1-3 和表 4-1-2 所示。

图 4-1-3 B_{10} 型机械冷藏车

表 4-1-2 B_{10} 型机械冷藏车基本性能表

自重/t	载重/t	容积/m^3	装货面积/m^2	车内装载尺寸/长(mm)×宽(mm)×高(mm)	最大外部尺寸/长(mm)×宽(mm)×高(mm)	门孔尺寸/宽(mm)×高(mm)	温控范围/℃	特点
41.1	38	100	43.6	17 300×2 560×2 300	21 938×3 094×4 700	2 700×2 300	−24℃～14℃	单节机械冷藏车

第二节　冷藏集装箱专用平车

BX_{1K} 型冷藏集装箱专用平车由 8 辆平车+1 辆供电工作车组成,可为海运冷藏箱提供电源,实现了海铁联运的无缝衔接,受到了市场的欢迎,如图 4-2-1 和表 4-2-1 所示。

图 4-2-1　BX_{1K} 型集装箱专用平车

表 4-2-1　BX 型车主要技术参数表

自重/t	载重/t	轨距/mm	车辆长度/mm	载重面高度/mm	承载面尺寸/长(mm)×宽(mm)
19.8	61	1 435	14 738	1 160	13 800×3 070
供电线路最大负荷/kW	构造速度/(km/h)	适应供电方式	干线供电	通信供电	装箱范围
92 kW 及以上	120	集中供电	AC 380 V	DC 48 V	2 个 20 英尺集装箱;1 个 40 英尺集装箱或 1 个 45 英尺集装箱(总重 34 t)

BX 型车组的组成，如图 4-2-2、图 4-2-3 所示。

图 4-2-2 “1 辆 B_{23} 型发电车+8 辆 BX_{1K}”车组

图 4-2-3 1 个发电箱供电 8 个冷藏箱车组

第三节 冷藏集装箱

当前铁路冷藏集装箱是柴电一体式冷藏集装箱，包括 40 英尺和 45 英尺两种，如图 4-3-1、图 4-3-2 和表 4-3-1

所示。

图 4-3-1　40 英尺冷藏箱

图 4-3-2　45 英尺冷藏箱

表 4-3-1 铁路冷藏集装箱主要技术参数表

箱型	自重/kg	最大总重/kg	容积/m^3	最大外部尺寸/长(mm)×宽(mm)×高(mm)	最大内部尺寸/长(mm)×宽(mm)×高(mm)	允许堆码重量/kg	接电电压/V	使用环境温度/℃	油箱容积/L	箱内控温范围/℃	持续运行时间	特点
40 英尺柴电一体式	6 400(油箱装满)	34 000	64	12 192×2 438×2 896	11 468×2 290×2 528	68 000	380	−40～+80	800	−29～+27	取决于货物、外温等因素，一般为 16 天	具备双向通信、自动监测、远程控制等智能化功能
45 英尺柴电一体式	6 900～7 180(油箱装满)	34 000	74.5/73.8	13 716×2 438×2 896	12 716/12 598×2 294×2 554	68 000	380	−40～+80	400/470/543	−29～+27	取决于货物、外温等因素，一般为 10 天	具备双向通信、自动监测、远程控制等智能化功能

第四节　铁路冷链装备的创新发展

一、发电箱

特货公司与中车长江公司合作研发了发电箱，主要为BX_{1K}冷藏集装箱专用平车供电，从 2018 年 8 月开始已开展了 3 只发电箱试运，试运效果良好。如图 4-4-1 所示，该发电箱箱体符合 40 英尺国际标准箱标准，箱内配备 2 台功率为 100 kW 的柴油发电机组及控制、输出系统，提供冷藏集装箱所需电源；设有火灾报警及自动灭火装置，相关设施均采用导向安全设计。与B_{23}工作车相比，发电箱可实现无人值乘、远程监控，节省人工费用；采用BX_{1K}平车运输，运行速度满足 120 km/h 要求；检修、维护、折旧等成本远低于B_{23}工作车。

图 4-4-1　发电箱

二、隔热保温车

特货公司与中车长江公司合作研发了隔热保温车，主要用于运输需要保持常温运输的货源，如鲜奶、啤酒、饮料、食品、高端面粉和大米、水果等。该车采用整体发泡、无缝内板结构，车体综合传热系数≤0.22 W/(m^2·K)，车体在内外温差20℃工况下，车内24 h温升(降)不超过0.4℃，15天内温升(降)不超过6℃，隔热性能世界领先；换长2.0、自重30 t、载重64 t、容积171 m^3，容重比优良。该车型已被原铁路总公司立项。

保温类货源运输市场巨大，未来将是冷链运输中的一个重要品类。在欧美等发达国家，隔热保温车是重要的食品运输车种。目前，我国保温类货源大部分采取"土保温"的办法进行运输，例如冬季运输鲜奶、啤酒、矿泉水，使用普通车辆运输需要采取加装保温板、彩条布、棉被等措施。而采用隔热保温车专用车辆运输，不仅可以有效提高货物运输品质，符合国家食品安全要求，而且可以节约"土保温"材料费用，提高装卸效率和经济效益，符合国家环保和循环利用要求。

三、新型单节机械冷藏车

为适应小批量和"库到库"冷藏货物运输需求，特货公司与中车长江公司研发了新型单节机械冷藏车，该车换长2.0、载重57 t、容积140 m^3、最高运行速度120 km/h；采用通用货车转向架，既可单节运输，又可成组运输；采用 GPS 定位和远程监控系统，实现无人值乘。新型单节机械冷藏车主要用于运输冻肉、海产品、速冻食品、冰淇淋、水果、蔬菜等需要开机制冷的货源，如图 4-4-2 所示。

图 4-4-2　新型单节机械冷藏车

四、集装箱长平车

BX_{1K} 载重 61 t，40 英尺冷藏箱总重只有 34 t，车辆载重利用率只有 56%；同时在 850 m 站线长度内可编组 BX_{1K} 车 52 辆。

为进一步提高车辆载重利用率，降低运营成本，提高运输效率，特货公司与中车齐车公司正在研发新型集装箱车辆。该车辆自重 24 t，载重 68 t，车辆长度 25.47 m，适装 2 个 40 英尺标准冷藏箱。与 BX_{1K} 相比，基本上相当于少一辆车的自重、折旧、检修和维护费用;按 850 m 站线测算,一整列集装箱长平车可装 60 只 40 英尺冷藏箱,整列净载重提高 15.4%,如图 4-4-3 所示。

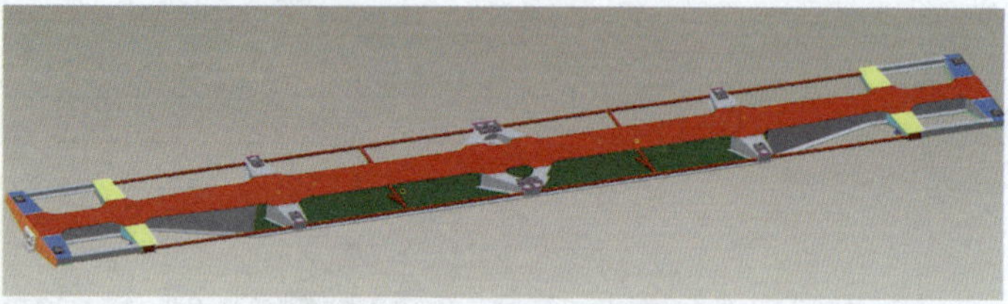

图 4-4-3　集装箱长平车

第五章　安全风险及管控措施

序号	安全风险	管控措施
1	传播疫情	托运的鲜活货物必须质量良好，无病残，要求托运人按国家有关规定和《鲜规》提出检疫证明，掌握并落实政府防控措施
2	装有易腐货物的车辆、集装箱因技术状态不良等原因发生滞留不能继运，造成货物损失	承运人调拨技术状态良好的铁路货车（集装箱），托运人在装车（箱）前必须检查车辆（集装箱）状况，发现状态不良不能保证货物安全和运输质量的，应及时提出，承运人应予调换
3	途中冷藏集装箱箱门开启、油箱漏油、电源连接线脱落等问题，影响运输安全	装车前应检查箱门锁闭状态，集装箱技术状态。需要途中供电服务的冷藏集装箱，装车后应检查电源连接状态
4	运输途中易腐货物腐烂、变质、冻损、污染、生理病害、病残死亡等问题处理不当造成货物损失扩大	要求发现单位立即通知车站联系托运人、收货人并妥善处理，防止货物损失扩大
5	车辆（铁路箱）、货位未按规定洗刷消毒，造成污染	被动物、动物产品等污染的车辆（铁路箱）、货位，卸车单位要彻底洗刷除污，保证没有残留的污水、秽物。按规定需要消毒的，由收货人按卫生部门和动物卫生监督部门要求办理。洗刷除污消毒后，由车站或乘务组检查验收

续上表

序号	安全风险	管控措施
6	蜜蜂飞出蜇人，遮蔽信号，影响车站作业和行车安全	蜜蜂进站时，托运人必须在蜂箱巢门外安装好纱罩。蜂箱巢门未安装纱罩的，发站不得承运
7	蜜蜂因同列车装运农药或生石灰死亡	装蜜蜂的车辆与装载农药的车辆原则上不得编挂在同一列车上。如因车流不足、分别挂运有困难，在本次列车运行全程内不发生列车折角转向运行的条件下，可编入同一列车内，但应将蜜蜂车挂在农药车的前部，并隔离4辆以上。 蜜蜂车和生石灰车编在同一列车内时应隔离2辆以上，并将蜜蜂车挂在生石灰车的前部
8	运输活鱼途中因缺氧死亡	运输活鱼不得使用全钢棚车及车窗不能开启的棚车（采用增氧机运输的除外）
9	猛禽猛兽伤人	托运猛禽、猛兽时，托运人应与发站商定运输条件和运输防护方法，报发送铁路局集团公司批准。跨局运输时，发送铁路局集团公司应将商定的事项通知相关铁路局集团公司。托运人应在货物运单“托运人记事”栏内注明商定的运输条件和运输防护方法
10	牛、马、骡、驴、骆驼等大牲畜滑倒	使用木（竹）地板货车，并采取有效措施将活动物拴紧；确因木（竹）地板货车不足需要使用其他货车时，应采取衬垫等防滑措施
11	大牲畜头部伸出车门窗	采取措施防止大牲畜头部伸出，对开启的车门应捆绑牢固，并用栅栏将活动物挡住。开启的门窗最外突出部位不得超限
12	车门窗开启运输，途中车站误拦车	在货物运单“承运人记事”栏注明“㊉”，“㊉”应转记在“列车编组顺序表”记事栏内

续上表

序号	安全风险	管控措施
13	运输过程中活动物染疫、疑似染疫、病死或死因不明处理不当，传播疫情	要求押运人及时通知车站。车站发现上述情况时，应及时向当地兽医主管部门、动物卫生监督机构或者动物疫病预防控制机构报告，同时拍发电报通知发、到站和上级主管部门，并采取隔离等控制措施，防止动物疫情扩散。严禁乱扔染疫、疑似染疫的活动物，病死或死因不明的活动物尸体
14	活动物的排泄物以及垫料、包装物、容器等污染物处理不当污染环境	要求押运人或收货人在铁路指定站或到站清除，并按动物防疫部门的规定处理，不得中途随意向车外抛撒，不得违规在中途站清扫和冲洗
15	运单信息填写不完整，导致错误运输、危及行车安全、发生货物损失	受理环节认真审核，严格执行《铁路货物运输规程》、《鲜规》和《铁路货运票据电子化作业办法》有关规定： ①需要检疫的鲜活货物应在运单“托运人记事”栏内注明检疫证明的名称和号码； ②托运易腐货物运单“托运人记事”应注明品类顺号、热状态、容许运输期限、途中温度要求、途中控温、途中不控温、途中通风、途中不通风； ③承运易腐货物“承运人记事”栏标注“△K”； ④商定运输条件运输的，将运输条件记录在运单“托运人记事”栏和“机械冷藏车作业单”内； ⑤冷藏集装箱、机械冷藏车、BX型车组（不具备供电功能的除外）在运单和回送清单注明“禁止溜放”；机械冷藏车组、BX型车组注明“成组连挂，不得拆解”； ⑥需要开启车门窗运输的，运单“承运人记事”栏注明“(开)”； ⑦运输活动物在运单“承运人记事”栏标注“活动物”“禁止溜放”，托运人提出需要途中上水的，发站在运单注明“途中上水”

第六章　案例与问题解析

【案例 1】客户有三批货物到站、收货人相同。第一批货物为冰蛋（承运温度－18℃以下）和冷却的鲜蛋（承运温度－1℃～3℃）；第二批货物为冷却的荔枝（1℃～5℃）和冷却的哈密瓜（3℃～6℃）；第三批货物为未冷却的调味奶（3℃～6℃）和未冷却的大头菜（0℃～3℃）。要求使用 3 辆铁路机械冷藏车装运，请问车站能否受理上述货物运输需求并说明依据。

答：（1）第一批货物不能受理。根据《铁路鲜活货物运输规则》第十九条规定：使用机械冷藏车时，不同热状态的易腐货物不得按一批托运。

（2）第二批货物可以受理。根据《铁路鲜活货物运输规则》第十九条规定：按一批托运的易腐货物，一般限同一品名；不同品名的易腐货物，如运输温度要求接近、货物性质允许混装的，可按一批托运，在同一机械冷藏车内组织混装运输，托运人应与发站和乘务组商定运输条件，签订运输协议，并将运输条件记录在货物运单"托运人记事"栏和"机械冷藏车作业单"内。

（3）第三批货物不可以受理。根据《铁路鲜活货物运输规则》第十九条规定：一般情况下，蔬菜和乳制品货物不得混装运输。

【案例 2】2019 年 5 月 10 日甲站承运到乙站梨(冷却)一批,使用机械冷藏车装载当日挂出,于 5 月 28 日到达乙站,发现该批梨部分腐烂,经查该批货物的装载方式符合“易腐货物机械冷藏车运输条件表”及“易腐货物运输包装表”要求,托运人在“托运人记事栏”内容如下:容许运输期限 13 日。甲站—乙站运输里程 2 295 km,货物运输途中遇到水害,在丙站发生滞留 26 h,试计算货物运到期限及逾期违约金。甲站在受理时违反哪些规定并说明依据。(经查该批货物运输温度符合“易腐货物机械冷藏车运输条件表”规定要求)

答:1. 货物运到期限及违约金

(1)计算货物运到期限:

货物发送期间为 1 日;

货物运输期间:每 250 运价公里或其未满为 1 日,2 295÷250=9.18≈10(日)

$$T_{运到}=T_{发}+T_{运}=1+10=11(日)$$

货物运到期限为 11 日。

该批货物实际运到日数:从承运的次日 5 月 11 日起算,至 5 月 28 日到达乙站止,合计 18 日。

(2)支付违约金的日数:该车货物运输途中遇到水害,在丙站发生滞留 26 h,故应从实际运到日数中扣除,即支付违约金的日数为 18−11−2=5(日)。

(3)运到逾期违约金金额:逾期总日数占运到期限天数的比例为 5/11,小于 5/10,违约金为运费的 15%。

2. 甲站受理违反的规定

(1)发站审核不认真，托运人记事栏未注明梨(冷却)的品类顺号及热状态，该批货物容许运输期限为 13 日，货物运到期限为 11 日，13－11＝2 日＜3 日，小于铁路规定的运到期限 3 日以上。依据《铁路鲜活货物运输规则》第十七条规定：托运易腐货物时，托运人应在“托运人记事”栏内注明易腐货物品类顺号、热状态及容许运输期限(日数)。易腐货物容许运输期限须大于铁路规定的运到期限 3 日以上。

(2)发站受理时未确认运出地是否发生疫情。依据《铁路鲜活货物运输规则》附录规定，来源于发生疫情的县级行政区域的梨属于应施检疫植物和植物产品范围。

如运出地发生疫情，则发站应依据《铁路鲜活货物运输规则》第七条规定，要求托运人按国家有关规定提出检疫证明，在货物运单“托运人记事”栏内注明检疫证明的名称和号码，车站凭此办理运输，并按规定在铁路货运电子商务系统中留存证明文件的影像资料。

【案例 3】托运人从 A 站发外局 B 站一批榴莲 550 件，重量 21 000 kg，价格 30 000 元，两站间的铁路里程为 2 790 km，使用一个自备 40 英尺冷藏箱站到站运输，要求承运运输途中温度 7℃～10℃。途中柴油机发电，途中确保满足承运温度条件，如不能满足温度条件自行负责。容许运输期限 17 天。参照菠萝运输温度以及品类序号，能否受理？如果可以受理，运单“托运人记事”栏和“承运人记事”栏应记明哪些内容？

答：(1)货物发送期间为 1 日；

货物运输期间＝2 790÷250＝11.16≈12(日)；

货物运到期限＝1＋12＝13(日)；

货物容许运输期限 17－13＝4(日)，大于 3 日，可以受理。

(2)“托运人记事”栏应记明：站到站；自备 40 英尺冷藏箱，要求比照品类顺号 11.6 菠萝运输，承运运输途中温度 7℃～10℃。途中柴油机发电，途中确保满足承运温度条件，如不能满足温度条件自行负责；容许运输期限 17 天。

(3)“承运人记事”栏应记明：禁止溜放；△K。

【案例 4】A 站 6 月 12 日装洋葱一车到 B 站(运价里程 1 151 km)，货物运单“托运人记事”栏内记载容许运到期限 10 日，6 月 17 日该车到达 B 站后，托运人要求变更到 C 站(B 站至 C 站运价里程 258 km)。对于托运人的变更要求 B 站能否受理？为什么？

答：B 站不能受理。

(1)原货物运到期限 6 日，容许运到期限 10 日；

(2)该车从 6 月 12 日承运至 6 月 17 日到达 B 站实际已发生的运输时间为 5 日；

(3)B 站至 C 站新的运到期限 3 日；

(4)扣除已发生的运输天数，容许运到期限还剩 10－5＝5(日)，与重新计算的运到期限相差 5－3＝2(日)，小于 3 日。易腐货物容许运输期限要大于重新计算的运到期限三日以上才能办理变更。

故 B 站不能受理该车货物的变更。

【案例 5】客户有一批冰淇淋(冻结)和乳饮料(冷却)需运输,两种货物的到站、收货人相同,客户要求使用一辆铁路机械冷藏车装运,车站能否受理这一运输需求?并说明理由。

答:不能受理。根据《铁路鲜活货物运输规则》第十九条规定:使用机械冷藏车时,不同热状态的易腐货物不得按一批托运。冰淇淋(冻结)和乳饮料(冷却)属于不同热状态的货物,机械冷藏车运输条件不同,因此不能受理。

【案例 6】甲站使用 B_{22} 型机械冷藏车装运冻猪肉,纸箱包装,装车前进行车辆预冷,当车辆内预冷温度达到为 1℃时,车站进行装车作业,装载时为运输安全,便于货物的通风,在每行货物间留有 50 mm 空隙,最上层货物距离循环挡板留出 10 mm 的空隙。根据以上内容分析不符合规章之处。(未给条件部分视为符合运输条件不考虑)

答:(1)机械冷藏车车内预冷温度不符合要求。根据《铁路鲜活货物运输规则》第三十三条规定:冻结货物为−3℃~0℃,而实际为 1℃。

(2)装载不符合要求。根据《铁路鲜活货物运输规则》附件 1 规定:冻肉应紧密堆码,但实际装车在每行货物间留有 50 mm 空隙;根据《铁路鲜活货物运输规则》第三十四条规定:上层货物循环挡板至少应留出 50 mm 的空隙,而实际只留出 10 mm 的空隙。

【案例 7】某站到达一车雪梨,联系不到收货人,到站如何处理?

答：易腐货物运抵到站，联系不到收货人时，到站应自发出领货通知次日起（不能实行领货通知时，为卸车完了的次日），1 日内及时通知发站和托运人，征求处理意见。托运人自接到通知之日起，2 日内提出处理意见答复到站。对于超过容许运输期限仍无人领取的货物，托运人自接到通知之日起，2 日内提出处理意见答复到站。对于超过容许运输期限仍无人领取的货物，托运人又未按规定期限提出处理意见的货物，或虽未超过上述期限，但是货物已开始腐坏、变质时，到站可按无法交付货物或依据有关规定处理。

【案例 8】某客户拟使用机械冷藏车在甲站运输一批《铁路鲜活货物运输规则》附件 1（易腐货物机械冷藏车运输条件表）中未列名且无法比照其他品名办理的易腐货物，车站应如何组织试运？

答：（1）试运前，托运人应与发站商定运输条件，提出“铁路易腐货物试运申请表”一式三份，托运人、发站、发送铁路局集团公司各一份。

（2）发站将“铁路易腐货物试运申请表”报铁路局集团公司，经批准后组织试运，铁路局集团公司将有关情况上报国铁集团备案并抄送相关铁路局集团公司。

（3）托运人应将试运批准号和运输条件记录在货物运单“托运人记事”栏和“机械冷藏车作业单”内。

（4）发站在确认首批试运货物安全抵达到站后，方可发出次批试运货物。同一发站、品名、运输条件的货物，首批试运不得超过 4 车。试运期不得超过 1 年。

(5)试运期间,如货物在运输过程中出现腐烂、变质、冻损等问题,须立即停止试运。发站应组织有关人员分析损失原因,并将结果报铁路局集团公司。需要继续试运的必须制定改进措施,重新办理试运手续。

(6)试运结束后,发站应将试运总结报铁路局集团公司,铁路局集团公司将有关情况报国铁集团。

附 录

附录 1

易腐货物机械冷藏车运输条件表

品类顺号	货物品类	货物品名	货物热状态	装车时货物质量要求		运输温度/℃	适用包装号或包装	装载方式		说明
				感官质量	承运温度/℃			装载要求	装载号	
1	速冻食品									
1.1	速冻水果	速冻荔枝、速冻草莓等	冻结	果面洁净，无不洁物污染。冻结良好，无结霜或粘连。无异味。产品包装完好无破损。无复冻现象	−18以下	−15以下	3	紧密堆码		
1.2	速冻蔬菜	速冻叶菜类（菠菜、青梗菜、白菜、甘蓝、辣椒叶等）	冻结	成品外观平面形状规则、均匀，棱角分明，冻结良好。单冻产品色泽符合本产品应有色泽，无粘连；块冻产品色泽鲜亮，镀冰衣完整、清澈。无黄枯叶、褐变叶。产品包装完好无破损。无复冻现象	−18以下	−15以下	3	紧密堆码		
1.3	速冻蔬菜	速冻根茎类、速冻瓜菜类、速冻茄果类、速冻豆类、速冻花椰菜、速冻芦笋、速冻玉米、速冻食用菌等	冻结	冻结良好，单体散冻，无粘连、结块、冰霜等现象。呈正常应有色泽。无失水、风干、冰衣脱落等现象。产品包装完好无破损。无复冻现象	−18以下	−15以下	3	紧密堆码		

续上表

品类顺号	货物品类	货物品名	货物热状态	装车时货物质量要求		运输温度/℃	适用包装号或包装	装载方式		说明
				感官质量	承运温度/℃			装载要求	装载号	
1.4	速冻调理方便食品	速冻面米食品(馄饨、包子、水饺、汤圆、面点)、速冻蒸煮食品、速冻熏烤食品、速冻玉米等	冻结	外观轮廓清晰，外形完整，不破、不裂，不偏芯，产品表面无明显冰晶存在。无异味、无杂质。产品包装完好无破损。无复冻现象	−18以下	−15以下	3	紧密堆码		
1.5	速冻果汁	速冻果汁	冻结	冻结良好。产品包装完好无破损。无复冻现象	−18以下	−15以下	3	紧密堆码		
2	冻水产品									
2.1	冻水产品	冻鱼(鲅鱼、鲳鱼、乌鲳鱼、大黄鱼、黄花鱼、带鱼、青鱼、草鱼、鲢鱼、鳊鱼等)、冻鱼片	冻结	冻结良好，无明显冰晶、无粘连、无变形。内外包装清洁卫生。单冻产品冰衣应完全将鱼包覆，晶莹透明，个体间易分离。鱼眼清晰明亮。真空包装产品包装袋完整不漏气，无软化、复冻现象	−18以下	−15以下	3	紧密堆码		
					−15以下	−12以下				
2.2		冻虾、蟹、贝类	冻结	冻结良好。冻虾贝类产品表面无变形、破碎、融化现象，冰衣(被)完好。蟹色泽正常，无黑斑或其他变质异色，腹面甲壳洁白，有光泽	−18以下	−15以下	3	紧密堆码		
					−15以下	−12以下				

续上表

品类顺号	货物品类	货物品名	货物热状态	装车时货物质量要求		运输温度/℃	适用包装号或包装	装载方式		说明
				感官质量	承运温度/℃			装载要求	装载号	
3	肉类									
3.1	猪肉	冻分割肉、冻猪肉、冻猪胴体、冻猪副产品及其制品(冻火腿等)	冻结	冻结良好。肌肉有光泽,红色或稍暗,脂肪乳白色或粉白色。无不良异味,无变形,无复冻现象	−18以下	−15以下	3(猪头、胴体可不加包装)	紧密堆码		
3.2	牛肉	冻牛肉、带骨肉、冻牛分割肉、冻牛副产品及其制品	冻结	冻结良好。色泽正常。外表微干或有风干膜。无不良异味,无变形,无复冻现象	−18以下	−15以下	3(胴体可不加包装)	紧密堆码		
3.3	羊肉	冻羊肉、冻羊分割肉、冻羊副产品	冻结	冻结良好,色泽正常。外表微干或有风干膜。无不良异味,无变形,无复冻现象	−18以下	−15以下	3(胴、腔体可不加包装)	紧密堆码		
3.4	兔肉	冻兔肉	冻结	冻结良好,色泽正常。无不良异味,无变形,无复冻现象	−18以下	−15以下	3	紧密堆码		

续上表

品类顺号	货物品类	货物品名	货物热状态	装车时货物质量要求		运输温度/℃	适用包装号或包装	装载方式		说明
				感官质量	承运温度/℃			装载要求	装载号	
3.5	禽肉	冻家禽、冻禽肉、冻禽副产品、冻禽肉制品	冻结	冻结良好。表皮和肌肉切面有光泽，具有禽种固有的色泽。无不良异味，无变形，无复冻现象	−18以下	−15以下	3（整家禽也可用8号包装）	紧密堆码		
4	**肉类制品**									
4.1	肉类制品	火腿、腌肉、熏肉、腊肉等熟肉制品	冷却	色泽正常，无异味，无杂质。内外包装完整、无破损，封口紧密。火腿皮色黄亮，肌肉切面呈深玫瑰红色或桃红色，脂肪切面呈白色或微红色，有光泽	0～4	0～4	3	紧密堆码		
			未冷却			0～25（视产品要求确定）				
4.2		熏蒸火腿、火腿肠、香肠（腊肠）等	冷却	肠体均匀饱满，外形完整光洁、无损伤，密封良好。产品包装完整无破损，无污染	0～4	0～4	3	紧密堆码		
			未冷却			0～25（视产品要求确定）				

续上表

品类顺号	货物品类	货物品名	货物热状态	装车时货物质量要求		运输温度/℃	适用包装号或包装	装载方式		说明
				感官质量	承运温度/℃			装载要求	装载号	
5	**油脂类**									
5.1	动物油	冷冻动物油、冷冻酥油	冻结	色泽正常。无杂质，无异味。包装完整，无破损现象	−18以下	−15以下	3、9	紧密堆码		
					−15以下	−12以下				
					−12以下	−10以下				
5.2	动物油	工业猪油	未冷却	凝固态时，呈软膏状，白色或淡黄色，有光泽。融化态时，透明或微浊，淡黄色或黄棕色，无沉淀物。凝固态时，允许有焦味和轻哈喇气味。采用清洗干净的铁桶容器包装，封口紧密		25以下	3、9	紧密堆码		
5.3	食用油	食用猪油、起酥油	未冷却	色泽正常，质地均匀，无杂质，无异味，不允许有沉淀物。采用清洗干净的铁桶容器包装，封口紧密		20以下	3、9	紧密堆码		

续上表

品类顺号	货物品类	货物品名	货物热状态	装车时货物质量要求		运输温度/℃	适用包装号或包装	装载方式		说明
				感官质量	承运温度/℃			装载要求	装载号	
6	**禽蛋类**									
6.1	冰蛋	冰蛋(浆)	冻结	冻结良好。色泽正常，无异味，无杂质。内包装应清洁卫生、封口严密、无破损。外包装应牢固、完整，适合长途运输。无复冻现象	−18以下	−15以下	3	紧密堆码		
6.2	鲜蛋	鲜蛋	冷却	新鲜、无变质、无异味。蛋壳清洁、完整、无破裂	−1～3	0～4	1、2、3	紧密堆码		
			未冷却			5～12				
7	**乳制品**									
7.1	冷冻乳品	冰淇淋、雪糕、冰棍、雪泥、甜味冰、冷冻饮品	冻结	产品个体形态完整，不变形，不软塌，不收缩；无明显粗糙的冰晶，无气孔。有奶脂或植脂等产品固有的香味，香气纯正，无异味。无可见杂质。产品包装完整、不破损，封口严密，内容物无外露或裸露现象。无复冻现象	−18以下	−15以下	3	紧密堆码		

续上表

品类顺号	货物品类	货物品名	货物热状态	装车时货物质量要求		运输温度/℃	适用包装号或包装	装载方式		说　明
				感官质量	承运温度/℃			装载要求	装载号	
7.2	奶油	冻奶油、冻人造奶油/冻乳酪	冻结	外观呈乳白色或淡黄色半固体状，无霉变、异味、异嗅、杂质。包装容器牢固、干燥、清洁	−15以下	−12以下	3	紧密堆码		
7.3	奶油	人造奶油	冷却	鲜明的淡黄色或白色可塑性固体，质地均匀，风味良好，无霉变和杂质。包装容器牢固、干燥、清洁	15以下	15以下	3	紧密堆码		
			未冷却							
7.4	炼乳	甜炼乳	未冷却	无脂肪乳、无乳糖沉淀。呈乳白（黄）色，颜色均匀，有光泽。无杂质，无异味		20以下	3	紧密堆码		
7.5	鲜乳	鲜奶（巴氏杀菌奶除外）	冷却	色泽呈乳白色或稍带微黄色。无肉眼可见杂质和其他异物。具有新鲜乳品固有的香味，无其他异味。包装完整、无破损	2～6	2～6	3	紧密堆码		
			未冷却							
		调味奶	冷却	色泽均匀一致，具有乳品固有的滋味和气味，无凝块、粘稠现象，无肉眼可见杂质和异物	2～6	2～6	3	紧密堆码		
			未冷却							

续上表

品类顺号	货物品类	货物品名	货物热状态	装车时货物质量要求		运输温度/℃	适用包装号或包装	装载方式		说明
				感官质量	承运温度/℃			装载要求	装载号	
7.6	乳类饮品	乳饮料	冷却	色泽均匀，呈乳白色、乳黄色或与产品相适应的特征色。乳液均匀细腻，无异物，无分层等不均匀现象。无其他异味	2～6	2～6	3	紧密堆码		
			未冷却							
8	**糖果类**									
8.1	糖果	巧克力	冻结	黑巧克力：呈棕褐色或棕黑色。牛奶巧克力：添加乳制品，呈棕色或浅棕色，具有可可和乳香风味。产品无变形和软化现象	−18～0（视产品要求确定）	−18～0（视产品要求确定）	3	紧密堆码		
			未冷却			20以下				
8.2		糖果、蜜饯	未冷却	包装密封，产品不变形、不破损		25以下	3	紧密堆码		
9	**饮品**									
9.1	非酒精类	果、蔬汁饮料，茶饮料、碳酸饮料、功能饮料、矿泉水	冷却	具有与品名相符的色泽，无肉眼可见的外来杂质。包装完整、无破损	0～4	0～4	3	紧密堆码		碳酸饮料不得接近热源，并要防止冰冻
			未冷却			5～35（视产品要求确定）				

续上表

品类顺号	货物品类	货物品名	货物热状态	装车时货物质量要求		运输温度/℃	适用包装号或包装	装载方式		说明
				感官质量	承运温度/℃			装载要求	装载号	
9.2	酒类	啤酒	未冷却	具有本品应有的色泽、纯正的香气。产品包装完整、无破损,无漏气或漏酒现象		5～25	3、9	紧密堆码		
9.3	酒类	白酒	未冷却	具有本品应有的色泽,澄清透明。内外包装应完整,封装严密,无漏气、漏酒现象		10～25	3、9	紧密堆码		
9.3	酒类	黄酒、果酒(葡萄酒、露酒、猕猴桃酒、山楂酒等)	未冷却			5～35(视产品要求确定)				
10	**鲜蔬菜**									
10.1	叶菜类	苋菜、茴香、甜菜、菊苣、青菜、油菜、抱子甘蓝、结球甘蓝(圆白菜、包菜)、芹菜、小白菜、荠菜、芥蓝、大白菜、羽衣甘蓝、莴苣、欧芹、菠菜、牛皮菜、结球莴苣、莴笋、茼蒿、蕹菜等	冷却	成熟适度,色泽正,新鲜、清洁。无腐烂、开裂、黄叶、抽薹或发芽,无异味,无冷害、冻害、病虫害及机械伤。无雨湿、水渍	0～3	0～3	3、4、5、6、7	稳固装载,留通风空隙	1、2、3、4、5、6	
			未冷却							
10.2	根茎类	胡萝卜、芹菜、辣根、洋姜、大头菜、芜菁甘蓝、木薯、萝卜、芦笋等	冷却	成熟适度,色泽正,新鲜、清洁。无开裂、糠心、发芽、分叉、腐烂,无异味、冻害、病虫害及机械伤。无雨湿、水渍	0～3	0～3	6、7、8	稳固装载,留通风空隙	4、5、6	
			未冷却							

续上表

品类顺号	货物品类	货物品名	货物热状态	装车时货物质量要求		运输温度/℃	适用包装号或包装	装载方式		说明
				感官质量	承运温度/℃			装载要求	装载号	
10.2	根茎类	芋头、土豆（马铃薯）	冷却	个体完整、光洁，不干皱，无其他杂物。无发绿和发芽，无病害、虫害、冷害和霉烂现象。无机械损伤。无明显裂痕，无雨湿、水渍	5～10	5～10	8	稳固装载，留通风空隙		
			未冷却							
		土豆（油炸加工用）、甘薯（红薯）、凉薯、山药（淮山）、姜	冷却	块茎无病虫害、霉变、腐烂、机械损伤。无裂纹或树瘤。山药肉呈灰白色，无锈病痕迹和其他变色。无雨湿、水渍	10～16（山药为15～18）	10～16（山药为15～18）	6、7、8	稳固装载，留通风空隙	4、5、6	
			未冷却							
		甘蔗	冷却	茎杆完整、光洁、不干皱。无腐败、变质、开裂、糠心、发芽、冻害、病虫害及机械伤。无雨淋、水渍	7～10	7～10	无包装，成捆装运	稳固装载，留通风空隙		
			未冷却							
10.3	瓜菜类	黄瓜、佛手瓜、西葫芦	冷却	产品个体完整无损，成熟适度，色泽正，新鲜，无萎蔫，果面清洁。无腐烂、异味、冷害、冻害、病虫害及机械伤。无雨湿、水渍	7～10	7～10	3、4、5、6、7、8（南瓜、冬瓜可无包装）	稳固装载，留通风空隙	1、2、3、4、5、6	冬瓜、南瓜可不包装
			未冷却							
		冬瓜、苦瓜、丝瓜、笋瓜	冷却		9～13	9～13				
			未冷却							
		南瓜	冷却		3～6	3～6				
			未冷却							

续上表

品类顺号	货物品类	货物品名	货物热状态	装车时货物质量要求 感官质量	承运温度/℃	运输温度/℃	适用包装号或包装	装载方式 装载要求	装载号	说明
10.4	花菜类	花椰菜、青菜花等	冷却	成熟适度，色泽正，新鲜、清洁。无腐烂、散花、抽茎、异味、开裂、冷害、冻害、病虫害及机械伤	0～3	0～3	3、4、5、6、7	稳固装载，留通风空隙	1、2、3、4、5、6	
			未冷却							
10.5	茄果类	番茄(青)	冷却	色泽新鲜，果面清洁、有光泽，果实硬实、不萎蔫。无腐烂、异味、冷害、冻害、病虫害及机械伤。无雨湿、水渍	9～12	9～12	3、4、5、6、7	稳固装载，留通风空隙	1、2、3、4、5、6	
			未冷却							
		番茄(已上色的、半熟)、圣女果、辣椒	冷却		8～11	8～11				
			未冷却							
		甜椒	冷却	果形、色泽良好，果面清洁、新鲜。果实有光泽、硬实，不萎蔫，无腐烂、异味、灼伤、冷害、冻害、疤痕、病虫害、机械伤，无雨湿、水渍	6～9	6～9	3、4、5、6、7	稳固装载，留通风空隙	1、2、3、4、5、6	
			未冷却							
		茄子	冷却	种子未完全形成或已形成但不坚硬，果实有光泽，有硬度，不萎蔫，表面清洁，无机械伤，无腐烂、异味，无灼伤，无冷害、冻害或病虫害，允许少量(5%～10%)不规则果	9～12	9～12	3、4、5、6、7	稳固装载，留通风空隙	1、2、3、4、5、6	
			未冷却							

续上表

品类顺号	货物品类	货物品名	货物热状态	装车时货物质量要求		运输温度/℃	适用包装号或包装	装载方式		说明
				感官质量	承运温度/℃			装载要求	装载号	
10.6	葱蒜类	大蒜、韭葱、洋葱、鸦葱、青葱、细香葱、大葱、蒜苔等	冷却	成熟适度，色泽正，新鲜、果面清洁。无腐烂、异味、发芽、抽薹、散瓣、冷害、冻害、病虫害及机械伤。无雨湿、水渍	0～3	0～3	3、4、5、6、7(洋葱也可用8号包装)	稳固装载，留通风空隙	1、2、3、4、5、6	
			未冷却							
10.7	菜用豆类	豌豆、荷兰豆、蚕豆、甜荚豌豆等	冷却	成熟适度、新鲜，色泽正，荚鲜嫩、清洁。无腐烂、异味、冷害、冻害、病虫害及机械伤。无雨湿、水渍	0～3	0～3	3、4、5、6、7	稳固装载，留通风空隙	1、2、3、4、5、6	
			未冷却							
		菜豆、豇豆、芸豆、扁豆（四季豆）、四棱豆等	冷却		4～7	4～7				
			未冷却							
11	鲜水果									
11.1	仁果类	苹果	冷却	果体完整良好，新鲜洁净，果梗完整。无机械伤。无裂果、烂果，无虫伤、病虫果。无异常气味，无雨湿、水渍	0～4	0～4	3、4、5、6、7	稳固装载，留通风空隙	1、2、3、4、5、6	
			未冷却							

续上表

品类顺号	货物品类	货物品名	货物热状态	装车时货物质量要求		运输温度/℃	适用包装号或包装	装载方式		说明
				感官质量	承运温度/℃			装载要求	装载号	
11.1	仁果类	梨(鳄梨除外)	冷却	各品种的鲜梨都必须完整良好,新鲜洁净,成熟适度。无机械伤、雹伤,无虫伤、病果、虫害果。无异常气味。无雨湿、水渍	0～4	0～4	3、4、5、6、7	稳固装载,留通风空隙	1、2、3、4、5、6	
			未冷却							
		鳄梨	冷却		7～13	7～13	3、4、5、6、7	稳固装载,留通风空隙	1、2、3、4、5、6	
			未冷却							
		山楂	冷却	山楂果皮色泽呈本品种成熟时固有色泽。无异味。无病果、腐烂、冻伤果。无雨湿、水渍	0～2	0～3	3、4、5、6、7	稳固装载,留通风空隙	1、2、3、4、5、6	
			未冷却							
11.2	核果类	杏、樱桃、桃、李、梅、枣	冷却	果体完整、新鲜、清洁。无腐烂、冷害、冻害、病虫害。果皮颜色具有本品种成熟时应有的色泽。无雨湿、水渍	0～3(桃为3～6)	0～3(桃为3～6)	3、4、5、6、7	稳固装载,留通风空隙	1、2、3、4、5、6	
			未冷却							

续上表

品类顺号	货物品类	货物品名	货物热状态	装车时货物质量要求		运输温度/℃	适用包装号或包装	装载方式		说明
				感官质量	承运温度/℃			装载要求	装载号	
11.3	柑橘类	红橘	冷却	成熟适度，无病斑、虫伤、裂口、腐烂，无机械损伤，无水肿、冷害、冻伤。无雨湿、水渍。蒂部不得脱落或受伤。为防止果蒂刺伤，需将果蒂剪平	9～12	9～12	2、3、4、5、6、7	稳固装载，留通风空隙	1、2、3、4、5、6	
			未冷却							
		橘子、温州蜜橘、甜橙、红江橙、血橙、锦橙、丑橘、宽皮柑橘类	冷却		3～7	3～7	2、3、4、5、6、7	稳固装载，留通风空隙	1、2、3、4、5、6	
			未冷却							
		蕉柑、柚类、柠檬	冷却		7～10	7～10	2、3、4、5、6、7	稳固装载，留通风空隙	1、2、3、4、5、6	
			未冷却							
11.4	浆果类	葡萄、柿子、无花果、猕猴桃	冷却	果体完整，果面洁净，无日灼、病虫斑、机械损伤。无异味。无雨湿、水渍。不脱粒，无干缩果，无腐烂。葡萄：果梗、果蒂新鲜	0～3	1～4	2、3、4、5	稳固装载，留通风空隙	1、2、3	
			未冷却							
		石榴	冷却		4～7	4～7	2、3、4、5	稳固装载，留通风空隙	1、2、3	
			未冷却							

续上表

品类顺号	货物品类	货物品名	货物热状态	装车时货物质量要求		运输温度/℃	适用包装号或包装	装载方式		说明
				感官质量	承运温度/℃			装载要求	装载号	
11.5	瓜类	西瓜	冷却	果体完整，无外伤，新鲜、洁净。无霉变、腐烂、病虫害	10～15	10～15	3、6、7或无包装	稳固装载，留通风空隙	1、2、3、4、5、6	
			未冷却							
		哈密瓜、白兰瓜、甜瓜	冷却	果体完整，无外伤，新鲜、洁净。无霉变、腐烂、病虫害。无雨湿、水渍	3～6	3～6	3、6、7、8(哈密瓜可无包装)	稳固装载，留通风空隙	1、2、3、4、5、6	
			未冷却							
11.6	热带亚热带水果	香蕉	冷却	果形完整，新鲜、清洁，无变质和腐烂现象。无机械伤，无冷害、冻害，无病虫害、黑心病。香蕉色泽青绿，无黄熟、青软，无裂果。成熟度不超过7～8成。无雨湿、水渍	11～15	11～15	3、4、6	稳固装载，留通风空隙	1、2、3、4、5、6	1. 对低温敏感，低于下限温度极易发生冷害； 2. 装运香蕉不得加催熟剂；卸车时皮色发黄不作为判断腐烂变质的依据
			未冷却							

续上表

品类顺号	货物品类	货物品名	货物热状态	装车时货物质量要求		运输温度/℃	适用包装号或包装	装载方式		说明
				感官质量	承运温度/℃			装载要求	装载号	
11.6	热带亚热带水果	荔枝、龙眼、火龙果	冷却	果形完整，新鲜、清洁，成熟适度，无腐烂、变质现象。无日灼、机械伤、病虫害、裂果、冷害、冻害。无雨湿、水渍	1～5	1～5	3、4、5、6	稳固装载，留通风空隙	1、2、3、4、5、6	1. 对低温敏感，低于下限温度极易发生冷害；2. 荔枝运输时严禁通风，保持车厢密闭。装载量不得超过20 t
			未冷却							
		橄榄	冷却	果形完整、表面清洁，色泽新鲜，无变质和腐烂，无机械伤，无裂果，无冷害、冻害、病虫害。无雨湿、水渍	5～8	5～8	1、2、3、4、5、6、7	稳固装载，留通风空隙	1、2、3、4、5、6	
			未冷却							

续上表

品类顺号	货物品类	货物品名	货物热状态	装车时货物质量要求		运输温度/℃	适用包装号或包装	装载方式		说明
				感官质量	承运温度/℃			装载要求	装载号	
11.6	热带亚热带水果	菠萝、杨桃、番石榴、枇杷	冷却	果形完整，新鲜，无变质、腐烂，清洁，无机械伤。无病虫害、无异味。菠萝无黑心病，西番莲果无刺伤、药害、病害、冻害、皱缩现象存在	7～10	7～10	3、4、5、6	稳固装载，留通风空隙	1、2、3、4、5、6	
			未冷却							
		芒果（生）、木菠萝（菠萝蜜）、番木瓜（青果）、红毛丹	冷却	果形完整，新鲜，无变质、腐烂，清洁，无损伤。无病虫害、无异味	10～13（芒果12～15）	10～13（芒果12～15）	3、4、5、6	稳固装载，留通风空隙	1、2、3、4、5、6	
			未冷却							
12	坚果类	板栗	冷却	果粒均匀，色泽新鲜，无霉烂虫果。无雨湿、水渍。风干、裂嘴果两项不超过3%～5%	0～3	0～3	8	稳固装载，留通风空隙		呼吸强度大，外温在－5 ℃以下方可用冷藏车保温运输
			未冷却							

续上表

品类顺号	货物品类	货物品名	货物热状态	装车时货物质量要求		运输温度/℃	适用包装号或包装	装载方式		说明
				感官质量	承运温度/℃			装载要求	装载号	
13	其他									
13.1	花卉植物	花卉、盆景、盆花	未冷却	叶青翠，无枯萎迹象，主杆完整无破裂、折断，盆景完整无缺		4～10	根据货物情况选用。可用盆或不加包装。根部带泥者，用稻草、蒲包或麻布片包装，盆景一外加包装	稳固装载，留通风空隙	视货物包装情况而定	1. 需要洒水的应派人押运；2. 为提高装载质量，可由托运人装备架子装载数层
13.2	罐头	水果罐头、肉类罐头	未冷却	罐体完整，无破损，无瘪听、胖听、漏听。箱内罐头排列整齐不松动		0～20	3、4、5	紧密堆码		

注：1. 本表中“以下”不含本数，其他温度范围包含本数。

2. 1、2、3 号装载方法适用于 1、2、3、4、5 号包装，4、5、6 号装载方法适用于 6、7 号包装。

3. 8 号包装适用于耐压、不易擦伤、呼吸热小的货物。

附录 2

易腐货物运输包装表

包装号	包装名称	包装材料	包装要求	包装规格	货物净重或容积	堆码实验	备注
1	木箱	木材(干燥，无虫蛀、霉变、腐朽，无污染，无异味)	用木材组合装钉。通风、透气、清洁、干燥、牢固。内部光滑无尖凸物，外部无钉头或钉尖显露，无其他尖刺。箱子应有足够强度。箱子平整，能平稳堆放，相互堆码，配合适宜。 箱内应加衬垫物	具有 16 根条挡的木箱，箱板厚度为 12～15 mm，宽度为 20～40 mm。箱档的厚度和宽度根据木箱的尺寸选定，但厚度不得小于 15 mm，宽度不得小于 40 mm(可取 40～60 mm)。 箱外用两道 14 号铁丝或铁腰捆扎箍紧。当内装物质量较轻且木箱体积较小时，也可用塑料打包带捆扎。 具体规格尺寸需根据盛装货物的特性、体积、层数和重量而定	20～25 kg	空箱净压 650 kg，24 h 无明显变形。重箱自码 4.8 m 高，无明显变形	

续上表

包装号	包装名称	包装材料	包装要求	包装规格	货物净重或容积	堆码实验	备注
2	花格木箱	木材(干燥,无虫蛀、霉变、腐朽,无污染,无异味)	箱面用木板等钉合成的栅栏状木箱。 通风、透气、清洁、干燥、牢固。内部光滑无尖凸物,外部无钉头或钉尖显露,并无其他尖刺。箱子应有足够强度。箱子平整,能平稳堆放,相互堆码,配合适宜。 箱内应加衬垫物	具有12根条挡的花格木箱,箱板和箱档厚度不小于12 mm,每块箱板、箱档宽度不小于50 mm。 花格木箱箱板的围板面积不小于总面积的60。缝宽适当、均匀。箱底部木板间距不大于10 mm,其他部位木板间距为15 mm。 箱内需用韧性纸张衬垫,并打通风孔,直径5 mm,孔距20 mm。 箱外用两道14号铁丝或铁腰捆扎箍紧。当内装物质量较轻且木箱体积较小时,也可用塑料打包带捆扎。当木箱长度大于600 mm且不用箱档加固时,也可用钢带捆扎加固。 具体规格尺寸需根据盛装货物的特性、体积、层数和重量确定	10～20 kg	空箱净压650 kg,24 h无明显变形。重箱自码4.8 m高,无明显变形	部分娇嫩水果可使用货物净重小于10 kg的包装,空箱净压试验参见有关标准

续上表

包装号	包装名称	包装材料	包装要求	包装规格	货物净重或容积	堆码实验	备注
3	纸箱	纸板（无湿损、污染、发霉，无破裂）	用纸板组合装钉。 通风透气（装冻货除外），清洁、无污，无受潮、离层现象。箱内无突出长钉，纸板要作防潮处理	瓦楞纸箱开孔形状采用圆形、椭圆形或长椭圆形，通气孔直径取 25～30 mm，孔的总面积不超过整个包装面积的 3%～5%。箱内中部可装支撑的纸板或采用纸板分层隔离衬垫或加井字形瓦楞纸格。 纸箱接头粘合搭接舌边宽度不小于 30 mm，粘合牢固。纸箱接头钉应排列整齐、均匀，钉合接缝应钉牢、钉透，不得有叠钉、翘钉、不转角等缺陷。 封箱，可用胶粘带粘牢，也可用低碳钢扁丝钉牢或采用粘合剂粘合。 具体规格尺寸需根据盛装货物的特性、体积、层数和重量而定	15～25 kg	空箱净压 650 kg，24 h 无明显变形。重箱自码 4.8 m 高，无明显变形	部分娇嫩水果可使用货物净重小于 15 kg 的包装，空箱净压试验参见有关标准
4	钙塑箱	钙塑板（无湿损、污染、发霉，无破裂）	用钙塑板组合装钉。透气、通风、清洁，箱内外无突出长钉	具有坚固钙塑板，由两层钙塑板和一层瓦楞钙塑板合成。 箱内中部装有支撑的钙塑板，需要通风透气的，建议在两端开 20 mm 直径通气圆孔4～5 个，各孔不能在一个水平或垂直线上。孔的总面积不超过整个包装面积的 3%～5%。封箱可用胶粘带粘牢或采用黏合剂粘合。箱外需用两道塑料腰带捆扎箍紧。 钙塑箱的具体尺寸需根据所装货物的特性、体积、层数和重量而定	15～25 kg	空箱净压 650 kg，24 h 无明显变形。重箱自码 4.8 m 高，无明显变形	部分娇嫩水果可使用货物净重小于 15 kg 的包装，空箱净压试验参见有关标准

续上表

包装号	包装名称	包装材料	包装要求	包装规格	货物净重或容积	堆码实验	备注
5	塑料箱(含塑料筐)	无毒塑料(清洁，无污染，无异味)	注射成形，表面光滑平整，完整无裂损，不允许有明显凹陷(加强筋部位允许有轻微收缩)，边缘及端手部位无毛刺。浇口处不影响箱子平整。 通风、透气性强。具有足够强度，箱子平整，能平稳堆放。原料需符合国家相关食品卫生标准	坚固成型，同规格的塑料箱能相互堆码，箱体底部有配合牙槽，配合适宜，不允许滑垛。 可为硬质长方形或硬质锥形。 具体规格尺寸需根据盛装货物的特性、体积、层数和重量而定	15～25 kg	空箱净压650 kg，24 h无明显变形。重箱自码4.8 m高，无明显变形	部分娇嫩水果可使用货物净重小于15 kg的包装，空箱净压试验参见有关标准
6	竹筐	竹篾片(无虫蛀、腐朽、霉变)	筐体用竹篾片编制和加固，筐盖用竹篾片编制或用木板制作。通风透气，坚固清洁，边缘整齐，内部平整、无尖凸物，外部平整、无竹刺，无突出钉头，能满足手工搬运、装卸要求。	(1)上大下小，盖大于口。上口45 cm×49 cm，高35 cm，下底35 cm×25 cm，每件用12根硬竹片支撑，筐盖用塑料编织带或铁丝捆扎	不大于20 kg	空箱净压250 kg，24 h无明显变形。重筐自码4.8 m高，无明显变形	
				(2)上大下小，盖大于口。上口50 cm×40 cm，高45 cm，下底40 cm×30 cm，每件用14根硬竹片支撑，筐盖用塑料编织带或铁丝捆扎	不大于25 kg		

续上表

包装号	包装名称	包装材料	包装要求	包装规格	货物净重或容积	堆码实验	备注
6	竹筐	竹篾片（无虫蛀、腐朽、霉变）	筐盖必须大于筐口，并用绳索、铁线扎紧。筐内四周及底部需用整体蒲包衬垫，水果上层顶部需用松软物铺垫	（3）上大下小，盖大于口。上口 51 cm×36 cm，高 40 cm，下底 40 cm×25 cm，每件用 14 根硬竹片支撑，筐盖用塑料编织带或铁丝捆扎	不大于 20 kg	空箱净压 250 kg，24 h 无明显变形。重筐自码 4.8 m 高，无明显变形	
				（4）长方体，48 cm×38 cm×30 cm，每件用 12 根硬竹片支撑，筐盖用塑料编织带或铁丝捆扎	不大于 20 kg		
				（5）上大下小，盖大于口。上口直径为 50 cm 的圆形，高 50 cm，下底 25 cm×25 cm，每件用 16 根硬竹片支撑，筐盖用塑料编织带或铁丝捆扎	不大于 25 kg		
				（6）上大下小，盖大于口。上口 35 cm×25 cm，高 50 cm，下底 50 cm×45 cm，每件用 12 根硬竹片支撑，筐盖用塑料编织带或铁丝捆扎	不大于 20 kg		

续上表

包装号	包装名称	包装材料	包装要求	包装规格	货物净重或容积	堆码实验	备注
7	条筐	新荆条、柳条、藤条、竹条（质地良好，不朽，不烂，无虫蛀、霉变）	用荆条、柳条、藤条、竹条等编制。坚固，紧密结实，通风透气，清洁，条尖向内，边缘整齐，内壁光滑，筐内外无突出条头和铁丝。端正、平稳、不松懈、不变形	必须使用整根原条编制，严禁半条或劈裂。竖条必须用通条，直径大于5 mm。 筐盖必须大于筐口，使用直径2 mm以上铁丝在6处将筐盖与筐身拧紧，铁丝尾部要插入空隙处。 体身应加立筋，确保端正、平稳、不松懈、不变形。 筐内四周及底部需用整体蒲包衬垫，每个水果应用软纸、套袋或塑料袋包装，水果上层顶部需用松软物铺垫。 条筐的具体规格尺寸，需根据盛装货物的特性、体积、层数和重量而定	20～35 kg	空箱净压250 kg，24 h无明显变形。重筐自码4.8 m高，无明显变形	

续上表

包装号	包装名称	包装材料	包装要求	包装规格	货物净重或容积	堆码实验	备注
8	编织袋	无毒塑料（清洁无污染）或天然、合成纤维	可为由塑料经挤出纺丝、拉伸、分丝和编结而成的塑料编织袋，也可为用天然或者合成纤维编织而成的网状袋子。 所用扁丝外观应光滑、平整、无明显起毛。袋子无破洞、稀挡和缝制不良问题，并应干燥、无霉变、无异味、无毒，清洁无污染，能通风透气。制造袋子的塑料需经国家卫生部门或其认可的检验机构的检验认可后方准使用。 编织袋外观应清洁，平整，缝合处不允许出现脱针、断线、未缝住卷折现象，切边不允许出现散边。编织袋裁剪必须用热熔切割，以保证切口处熔融粘连不散边	编织袋缝边、缝口缝线到边、底距离为 8～12 mm，无边袋口卷折不大于 10 mm。袋口应折叠缝密，缝针密度为 6 针/10 cm，缝口后应在袋角上扎口。 袋的具体尺寸，需根据盛装货物的特性、体积和重量而定。 (1)稀织型编织袋。 (2)密织型编织袋	15～25 kg	应进行跌落试验。 试验方法：用 3 只装满模拟物的袋，从高 1.5 m 处跌落于平坦、光滑、坚硬的水平地面。每只进行两次，第一次袋的平面平落，第二次袋的端面平落。 合格标准：不破损、不开口	

续上表

包装号	包装名称	包装材料	包装要求	包装规格	货物净重或容积	堆码实验	备注
9	桶	钢、铁、无毒塑料	桶体圆整光滑，无明显失圆、凹瘪、歪斜，无毛刺和机械损伤。钢桶桶身、桶顶和桶底均由整张薄钢板制成，不允许拼接，桶身焊缝采用电阻焊焊接。钢桶内外表面需涂镀保护层。桶性能符合 GB/T 325.1、GB/T 13252 相关通用技术要求。 啤酒桶材料为符合食品卫生要求的不锈钢。 塑料桶结构性能需符合 GB/T 13508 的要求，卫生指标符合 GB 4806.7 的要求	桶体尺寸规格需根据盛装货物的相关流通需求而定	不大于 50 L	按 GB/T 4857.3 规定进行，试验 24 h不变形、不破损。 试验压力：0.4 MPa，保压时间不少于 3 min，啤酒桶不得有泄漏	

附录 3

易腐货物装载方法表

装载号	装载方法	说　明	图　例
1	品字形	奇数层与偶数层货件交错、骑缝装载	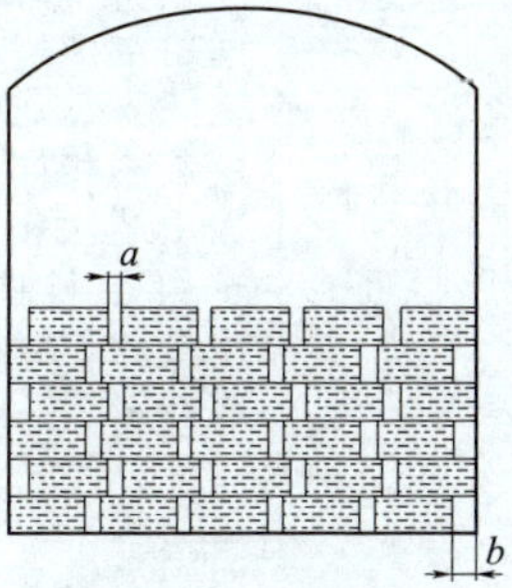 品字形装车法 注：空隙值a=4～5 cm b=4～5 cm
2	一二三、三二一	第一层按间隔一件、二件、三件留空隙； 第二层按间隔三件、二件、一件留空隙； 奇数层同第一层，偶数层同第二层	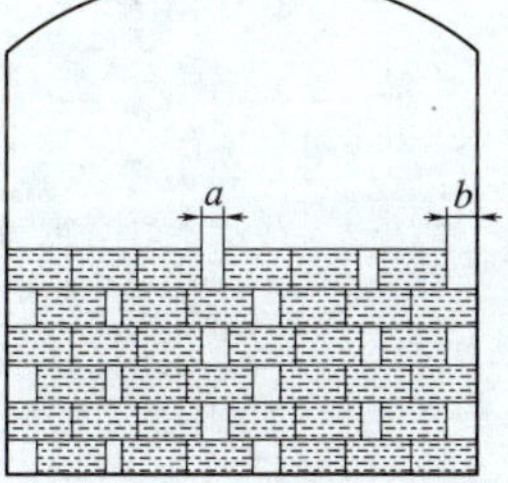 “一二三、三二一”装车法 注：空隙值a=3～4 cm b=5～6 cm

续上表

装载号	装载方法	说　　明	图　　例
3	井字形	货箱侧板之间留空隙，端板之间紧靠，奇数层装法相同，偶数层装法相同。奇数层与偶数层交叉堆放形成井字	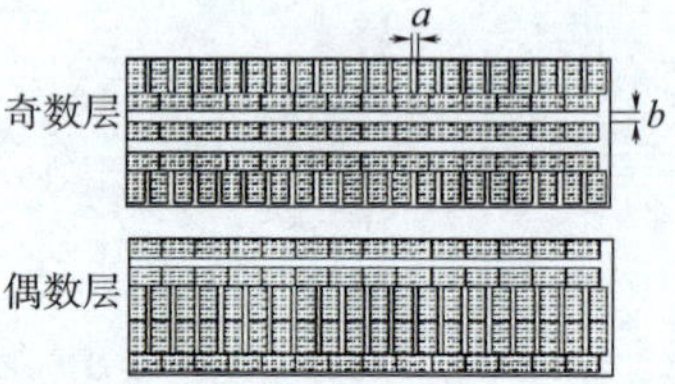 井字形装车法 注：空隙值$a=3\sim4$ cm $b=3\sim4$ cm
4	筐式装载法之一（筐口对装法一）	底层两侧的箩、篓、筐等大筐口朝下，中间的大筐口朝上，第二层则方向相反，奇数层装法相同，偶数层相同	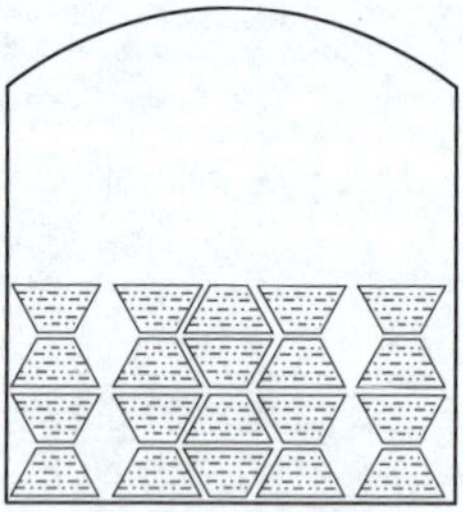 筐口对装法一

续上表

装载号	装载方法	说　明	图　例
5	筐式装载法之二(筐口对装法二)	底层及奇数层全部大筐(箱)口朝上,第二层及偶数层全部大筐(箱)口朝下	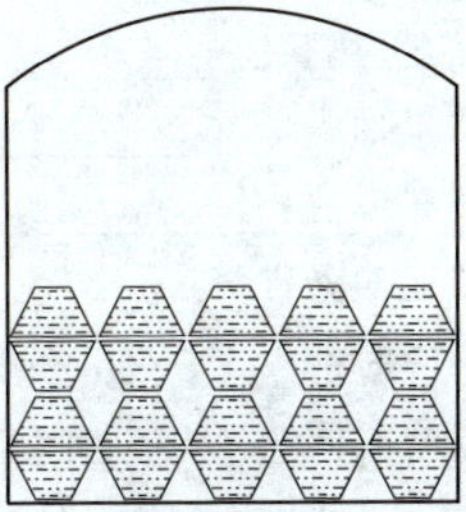 筐口对装法二
6	筐式装载法之三(筐式顺装法)	每层的筐(箱)口大头朝上,按顺序堆装	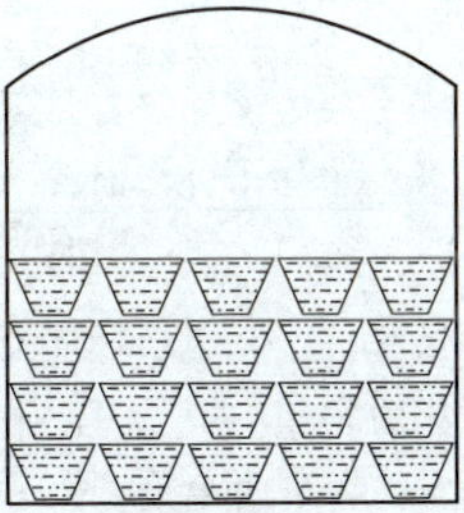 筐式顺装法

注:筐式装载方法也适用于梯形塑料箱类包装。

附录 4

机械冷藏车作业单

№ 000000

一、始发站作业记录

1. 发站______到站______车种、车型、车号__________运单号__________。
2. 货物品名、热状态______________;包装种类、状态______________。
3. 货物质量抽查情况____。
4. 货物装载方法____。
5. 商定的运输条件____。
6. 车辆预冷时间________h,车内预冷温度________℃。
7. 货物进站时间___月___日___时。装车时间___月___日___时___分开始到___月___日___时___分止,其中制冷时间___月___日___时___分开始到___月___日___时___分止。
8. 装车时车内温度____℃,车外温度____℃,货物的承运温度____℃。
9. 试运批准号____。
10. 其他需说明情况:

托运人或经办人签字(盖章)_________。机械冷藏车机械长签字(盖章)__。
铁路专用线(专用铁路)签字(盖章)_________;发站货运员签字(盖章)___。

二、到站作业记录

1. 到达车次________次,时间____月____日____时____分。
2. 车辆调入时间___月___日___时___分。卸车时间____月____日____时___分起至___月___日___时___分止,其中制冷时间___月___日___时___分开始到___月___日___时___分止。
3. 卸车时温度:车内温度________℃,车外温度________℃。
4. 货物质量:感官观察________,冻结货物温度________℃。
5. 车内洗刷情况____。
6. 其他需说明情况:

收货人或经办人签字(盖章)______。机械冷藏车机械长签字(盖章)______。
铁路专用线(专用铁路)签字(盖章)______;到站货运员签字(盖章)_______。

三、机械冷藏车温度记录

日/时分												
外　温												
车内温度												
日/时分												
外　温												
车内温度												
日/时分												
外　温												
车内温度												
日/时分												
外　温												
车内温度												
日/时分												
外　温												
车内温度												
日/时分												
外　温												
车内温度												
日/时分												
外　温												
车内温度												

机械冷藏车机械长(签字)________列车戳________

注：1.未冷却货物可不填记货物的承运温度。

2.冷却及未冷却的货物以卸车时车内温度为货物交接温度。

3.机械冷藏车温度记录填满时，可在本页反面画格填写。

4.“机械冷藏车作业单”一式三份，一份由发站留存，一份随车递送到站保存，一份由机械冷藏车乘务组交配属单位存档。

5.本作业单保存期为一年。

规格：A4 纸竖印(共 2 页)

附录 5

铁路易腐货物试运申请表

货物品名		货物别名	
货物性质			
发　　站		到　　站	
申请试运起止时间			
托运时热状态(冻结、冷却、未冷却)			
果蔬采摘时间及前 10 天内天气情况			
托运时温度			
托运时外观和质量			
内包装		外包装(材质、尺寸)	
要求车内保持的温度范围		货物容许运输期限(天数)	
装运车辆要求			
装载要求			
运输条件			
其他需说明的情况(可另附页)			
托运人签字：　　(盖章)　年　月　日			
站段意见	(盖章)　年　月　日		
铁路局集团公司主管部门意见	试运批准号：　　(盖章)　年　月　日		

规格：A4 纸竖印

附录 6

冷藏箱供电作业单

发站：　　　　　　　　到站：　　　　　　　　工作车车号：

发站作业记录									到站作业记录				
序号	箱　号	货物品名	冷藏箱设定运输温度	接收冷藏箱时间	接收时冷藏箱显示温度	装车时间	装车后冷藏箱显示温度	备注	卸车时间	卸车前冷藏箱显示温度	交付时间	交付时冷藏箱显示温度	备注
托运人或经办人签字（盖章）					冷藏车机械长签字列车戳				收货人或经办人签字（盖章）			冷藏车机械长签字列车戳	
铁路专用线（专用铁路）签字（盖章）					发站货运员签字（盖章）				铁路专用线（专用铁路）签字（盖章）			到站货运员签字（盖章）	

续上表

<table>
<tr><th colspan="10">途中作业记录</th></tr>
<tr><th>检查
时间</th><th>检查
情况</th><th>检查
时间</th><th>检查
情况</th><th>检查
时间</th><th>检查
情况</th><th>检查
时间</th><th>检查
情况</th><td colspan="2" rowspan="6">途中异常情况及处置措施：</td></tr>
<tr><td></td><td></td><td></td><td></td><td></td><td></td><td></td><td></td></tr>
<tr><td></td><td></td><td></td><td></td><td></td><td></td><td></td><td></td></tr>
<tr><td></td><td></td><td></td><td></td><td></td><td></td><td></td><td></td></tr>
<tr><td></td><td></td><td></td><td></td><td></td><td></td><td></td><td></td></tr>
<tr><td></td><td></td><td></td><td></td><td></td><td></td><td></td><td></td></tr>
<tr><td></td><td></td><td></td><td></td><td></td><td></td><td></td><td></td><td>冷藏车乘务员签字(盖章)</td><td></td></tr>
</table>

填写说明：1. 所有时间均应包括月、日、时、分；温度单位为摄氏度(℃)。

2. 冷藏箱进站后直接装车的，“接收冷藏箱时间”“接收时冷藏箱显示温度”可不填写。

3. 途中检查冷藏箱温度在设定范围内、供电正常、箱体外观无异常时，在“检查情况”栏内打“√”即可。

4. 本单据一式三份，一份发站留存，一份随车传递送到站，一份由冷藏车乘务组交配属单位存档。无冷藏车乘务组时，发、到站分别填记一份留存。

5. 本作业单保存期为1年。

附录 7

机械冷藏车(BX 型车)装车通知单

车号	装车地点	货物品名及热状态	重量/t	到站	计划装车时间	附　注
国铁集团、铁路局集团公司调度命令号码						

注：1. 本通知单一式两份，一份交乘务组作为准备装货的通知，一份发站存查。

2. BX 型车装车时，“车号”栏填写工作车车号，“货物品名及热状态”栏填货物品名即可，“重量”栏可不填写，需要供电服务的，应在“附注”栏注明“供电”字样。

装车站货运员(签字)站戳
年　　月　　日
机械长(签字)列车戳
年　　月　　日

规格：A5 纸竖印

附录 8

具备冷藏集装箱接电条件的集装箱办理站站名表

序号	铁路局集团公司	车站	作业地点
1	哈尔滨	新香坊	
2	沈阳	大窑湾港	
3		鲅鱼圈港	
4		锦州港	
5		图们	
6	北京	新港	天津中外运集装箱发展有限公司专用线
7	太原	中鼎物流园	
8	郑州	圃田	
9	武汉	漯河	漯河双汇实业(集团)有限责任公司专用线
10	西安	新筑	
11	济南	青岛	青岛港国际股份有限公司大港分公司专用线
12		黄岛	青岛港国际货运物流有限公司专用线
13		胶州	
14	广州	平湖南	深圳平盐海铁联运有限公司专用铁路
15	南宁	防城港	
16	成都	城厢	
17		团结村	
18	昆明	王家营西	

附录 9

40(45)英尺柴电一体式冷藏集装箱装运方案

一、定义

本装运方案中的 40(45)英尺柴电一体式冷藏集装箱是指最大总重为 34 t,设计要求和试验符合《系列 1　集装箱技术要求和试验方法保温集装箱》(GB/T 7392)的柴电一体式冷藏集装箱。

二、集装箱技术参数

(一)40 英尺箱

1. 外部尺寸(长×宽×高):12 192 mm×2 438 mm×2 896 mm;

2. 内部尺寸(长×宽×高):11 468 mm×2 290 mm×2 528 mm;

3. 内容积:64 m^3;

4. 最大总重:34 000 kg;

5. 自重(油箱装满):6 400 kg;

6. 油箱容积:800 L;

7. 持续运行时间:取决于货物、外温等因素,一般为 16 天;

8. 接电电压:380 V;

9. 箱内温控范围:－29℃～＋27℃;

10. 使用环境温度:－40℃～＋80℃;

11. 具备双向通信、自动监测、远程控制等智能化功能。

（二）45 英尺箱

1. 外部尺寸（长×宽×高）：13 716 mm×2 438 mm×2 896 mm；

2. 内部尺寸（长×宽×高）：12 716/12 598 mm×2 294 mm×2 554 mm；

3. 内容积：74.5/73.8 m^3；

4. 最大总重：34 000 kg；

5. 自重（油箱装满）：6 900～7 180 kg；

6. 油箱容积：400/470/543 L；

7. 持续运行时间：取决于货物、外温等因素，一般为10 天；

8. 接电电压：380 V；

9. 箱内温控范围：－29℃～＋27℃；

10. 使用环境温度：－40℃～＋80℃；

11. 具备双向通信、自动监测、远程控制等智能化功能。

三、集装箱结构

1. 主体结构同通用集装箱。

2. 保温材料采用聚氨酯发泡剂。

3. 柴电一体式，设有柴油机、压缩机、发电机及保护柜。

四、箱体安全

1. 集装箱应当符合国际集装箱安全公约（CSC）要求，取得安全合格牌照。

2. 按规定期限进行定期检验，集装箱从出厂到第一次检验的间隔期不得超过 5 年，以后检验的间隔期不得超过 2.5 年。检验时间可提前或延后 3 个月。

3. 符合下列条件之一应当扣修：

(1)通用集装箱扣修标准。

(2)油箱孔洞、焊缝开裂等导致柴油渗漏。

(3)柴油机、压缩机、发电机故障。

五、办理站

40 英尺国际标准箱办理站。

六、装运要求

1. 冷藏箱用于装运适箱易腐货物，也可用于装运适箱非易腐货物。不得装运易污染、腐蚀、损坏箱体的货物。

2. 托运人应保证托运的易腐货物及其包装质量良好，根据需要对货物预冷并提出适宜的运输温度。为保证通风道畅通，易腐货物装载高度严禁超过红色装载标识线。易腐货物运输条件、包装和装载方法可比照《鲜规》附件 1、6、7 规定办理。

3. 集装箱总重不得超过发站、到站的 40 英尺箱起重能力，集装箱吊具强度应当满足集装箱总重的要求。

4. 集装箱装卸使用具有减摇功能的集装箱专用装卸机械。装卸和搬运时应稳起轻放，避免冲撞，防止损坏集装箱。45 英尺箱起吊和装车时应使用中间 40 英尺箱位角件。

5. 40 英尺箱总重不得超过 34 000 kg；集装箱总重大于 30 480 kg 但不超过 34 000 kg 时，限使用 BX_{1K}、X_{6B} 系

列、NX_{17B} 系列、NX_{70}、NX_{70H}、NX_{70A}、X_{70} 型车；集装箱总重不超过 30 480 kg 时，限使用能装运 40 英尺国际标准箱的各类集装箱专用平车、共用平车。

6. 45 英尺箱限使用以下车型装运：X_{6B} 系列、X_{6C} 系列、NX_{17B} 系列、NX_{70}、NX_{70H}、BX_{1K}、X_{3K}、X_{4K} 其中。使用 X_{6B} 系列、NX_{17B} 系列、NX_{70}、NX_{70H}、BX_{1K} 型车时，集装箱总重最大可达 34 000 kg；使用 X_{6C} 系列、X_{3K}、X_{4K} 型车时，集装箱总重不得超过 30 480 kg。

7. 沿途各站发现制冷装置端的箱门开启、油箱漏油等影响运输安全的问题，应当及时处理并报告。

8. 发站应根据本站实际，采取切实可行的措施，缩短冷藏箱装车前在站停留时间，到站应快速办理交付手续。

9. 铁路局集团公司对冷藏箱应重点掌握，减少途中保留积压。遇特殊情况需要保留时，保留站应立即向铁路局集团公司报告（对铁路箱应同时通知产权单位），并采取措施妥善处理。

10. 冷藏箱发电机所用柴油属于二级易燃液体，柴油装载量不得超过油箱容积的 95%。冷藏箱禁止溜放。车站应在货物运单、特殊货车及运送用具回送清单上注明“禁止溜放”字样；使用货运票据封套时，应注明“禁止溜放”字样。

附录 10

40 英尺外部供电式冷藏集装箱装运方案

一、定义

本装运方案中的 40 英尺外部供电式冷藏集装箱是指最大总重为 34 t，设计要求和试验符合《系列 1　集装箱技术要求和试验方法保温集装箱》(GB/T 7392)要求的需外部供电的冷藏集装箱。

二、集装箱技术参数

1. 外部尺寸(长×宽×高)：12 192 mm×2 438 mm×2 896 mm；

2. 内部尺寸(长×宽×高)：11 582 mm×2 294 mm×2 554 mm；

3. 内容积：67.9 m^3；

4. 最大总重：34 000 kg；

5. 自重(含制冷机组)：4 630 kg；

6. 供电制式：AC 400～500 V、三相、60 Hz(1±2.5%)和 AC 360～460 V、三相、50 Hz(1±2.5%)；

7. 箱内温控范围：－40℃～＋30℃；

8. 使用环境温度：－40℃～＋80℃；

9. 具备双向通信、自动监测、远程控制、数据存储、故障报警等智能化功能。

三、集装箱结构

1. 主体结构同通用集装箱。

2. 保温材料采用聚氨酯发泡材料。

3. 设有嵌入式制冷机组、远程监控系统。

四、箱体安全

1. 集装箱应当符合国际集装箱安全公约(CSC)要求,取得安全合格牌照。

2. 按规定期限进行定期检验。集装箱从出厂到第一次检验的间隔期不得超过 5 年,以后检验的间隔期不得超过 2.5 年。检验时间可提前或延后 3 个月。

3. 符合下列条件之一应当扣修:

(1)通用集装箱扣修标准。

(2)嵌入式制冷机组、远程监控系统故障。

五、办理站

40 英尺国际标准箱办理站。

六、装运要求

1. 冷藏箱用于装运易腐货物,也可用于装运适箱非易腐货物。不得装运易污染、腐蚀、损坏箱体的货物。

2. 托运人应保证托运的易腐货物及其包装质量良好,根据需要对货物预冷并提出适宜的运输温度。为保证通风道畅通,易腐货物装载高度不得超过红色装载标识线,不得堵塞地板通风道,易腐货物运输条件、包装和装载方法可比照《鲜规》附件 1、6、7 规定办理。

3. 集装箱总重不得超过发站、到站的 40 英尺箱起重能力, 集装箱吊具强度应当满足集装箱总重的要求。

4. 集装箱装卸使用具有减摇功能的集装箱专用装卸机械。装卸和搬运时应稳起轻放,避免冲撞,防止损坏集装箱。

5. 集装箱总重不得超过 34 000 kg；集装箱总重大于 30 480 kg 但不超过 34 000 kg 时，仅限使用 BX_{1K}、X_{6B} 系列、NX_{17B} 系列、NX_{70}、NX_{70H}、NX_{70A}、X_{70} 型车；集装箱总重不超过 30 480 kg 时，限使用能装运 40 英尺国际标准箱的各类集装箱专用平车、共用平车。

6. 装车后，发站应检查确认接电时电缆外观完好、捆绑牢固，插头连接紧密牢固，不接电时电缆收纳良好，确保电缆不会松脱甩出。卸车前，到站应检查确认电缆解开、插头断开。

7. 沿途各站发现箱门开启、附属件松脱等影响运输安全的问题，应当及时处理并报告。

8. 发、到站应做好与托运人、收货人的沟通工作，采取切实可行的措施，缩短冷藏箱在站停留时间。

9. 铁路局集团公司集装箱调度对冷藏箱应重点掌握，避免途中保留积压。遇特殊情况保留时，保留站应立即向铁路局集团公司集装箱调度报告，及时通知发站（对铁路箱应同时通知产权单位），并采取措施妥善处理。

10. 冷藏箱禁止溜放。车站应在货物运单、特殊货车及运送用具回送清单上注明“禁止溜放”字样。需要使用货运票据封套时，应注明“禁止溜放”字样。

附录 11

40 英尺 35 t 隔热集装箱装运方案

一、定义

本装运方案中的 40 英尺 35 t 隔热集装箱是指宽度为 2 550 mm、总重为 35 t 采用加宽角件，符合《系列 2 集装箱分类、尺寸和额定质量》(GB/T 35201)，设计要求和试验符合《系列 1 集装箱技术要求和试验方法保温集装箱》(GB/T 7392)要求的隔热集装箱。

二、集装箱技术参数

1. 外部尺寸(长×宽×高)：12 192 mm×2 550 mm×2 596 mm；

2. 内部尺寸(长×宽×高)：11 922 mm×2 326 mm×2 550 mm；

3. 内容积：70.7 m^3；

4. 最大总重：35 000 kg；

5. 自重：4 600 kg；

6. 使用环境温度：−40℃～+80℃；

7. 允许堆码重量(1.8g)：140 000 kg；

8. 具备定位及远程温度监测功能。

三、集装箱结构

1. 主体结构同通用集装箱。

2. 加宽角件下表面尺寸(长×宽)：178 mm×218 mm，定位尺寸、开孔尺寸与 40 英尺国际标准箱相同。

3. 隔热材料采用聚氨酯发泡材料。

四、箱体安全

1. 集装箱应当符合国际集装箱安全公约(CSC)要求,取得安全合格牌照。

2. 按规定期限进行定期检验。集装箱从出厂到第一次检验的间隔期不得超过5年。以后检验的间隔期不得超过2.5年。检验时间可提前或延后3个月。

3. 扣修标准同通用集装箱。

五、办理站

40英尺国际标准箱办理站。

六、装运要求

1. 隔热箱用于装运适箱易腐货物,也可用于装运适箱非易腐货物;不得装运易污染、腐蚀、损坏箱体的货物。装运易腐货物时,托运人应在"托运人记事"栏内记明"要求使用隔热集装箱,因此造成的货损自负"字样。

2. 托运人应保证托运的易腐货物及其包装质量良好,根据需要对货物预冷。易腐货物运输条件、包装和装载方法可比照《鲜规》附件1、6、7规定办理。

3. 集装箱总重不得超过发站、到站的40英尺箱起重能力,集装箱吊具强度应当满足集装箱总重的要求。

4. 集装箱装卸使用一侧无导板或采用可调式(翻转式)导板的集装箱吊具。

5. 集装箱总重不得超过35 000 kg;集装箱总重大于34 000 kg但不超过35 000 kg时,仅限使用NX_{70A}、X_{70}型车;集装箱总重大于30 480 kg但不超过34 000 kg时,仅限使用BX_{1K}、X_{6B}系列、NX_{17B}系列、NX_{70}、NX_{70H}、

NX_{70A}、X_{70} 型车；集装箱总重不超过 30 480 kg 时，可使用能装运 40 英尺国际标准箱的各类货车。

6. 发、到站应做好与托运人、收货人的沟通工作，采取切实可行的措施，缩短隔热箱在站停留时间。

7. 铁路局集团公司集装箱调度对隔热箱应重点掌握，避免途中保留积压。遇特殊情况保留时，保留站应立即向铁路局集团公司集装箱调度报告，及时通知发站（对铁路箱应同时通知产权单位），并采取措施妥善处理。

附录 12

45 英尺 35 t 新能源锂电池冷藏集装箱试装运方案

一、定义

本试装运方案中的 45 英尺 35 t 新能源锂电池冷藏集装箱是指宽度为 2 550 mm、总重为 35 t 采用加宽角件，符合《系列 2　集装箱分类、尺寸和额定质量》(GB/T 35201)，设计要求和试验符合《系列 1　集装箱技术要求和试验方法保温集装箱》(GB/T 7392)，采用磷酸铁锂电池提供动力的冷藏集装箱。

二、集装箱技术参数

1. 箱体外部尺寸(长×宽×高)：13716 mm×2550 mm×2 896 mm。

2. 内部尺寸(长×宽×高)：12 678 mm×2 294 mm×2 486 mm。

3. 内容积：72.3 m^3。

4. 最大总重：35 000 kg。

5. 自重：约 9 000 kg(以箱体铭牌标记准)。

6. 供电方式：

(1)锂电池充电电源：采用地面充电设备充电，直流充电机优先推荐 180～210 kW，充电机的输出电压范围 200～750 V，也可使用低功率(例如 7 kW 便携式充电设备)的其他充电设备。

(2)冷机直供电源：AC 380 V(1±10%)、三相、50(60) Hz(1±2.5%)。

7. 箱内温控范围：−20℃～+27℃。

8. 使用环境温度：−20℃～+60℃。

9. 持续运行时间：6～7 天(外部环境温度 30℃，内温 −18℃)。

10. 允许堆码重量(1.8g)：70 000 kg。

11. 具备双向通信、自动监测、远程控制、数据存储、状态预警、故障报警等智能化功能。

三、集装箱结构

1. 主体结构同通用集装箱。

2. 加宽角件下表面尺寸(长×宽)：178 mm×218 mm，开孔尺寸与国际标准箱相同；40 英尺位置角件的定位尺寸与 40 英尺国际标准箱相同。

3. 保温材料采用聚氨酯发泡材料。

4. 设有电池系统、制冷机组、远程监控系统。

四、箱体安全要求

1. 集装箱应符合国际集装箱安全公约(CSC)要求，取得安全合格牌照。

2. 选用的锂电池应满足《电动汽车用锂离子动力蓄电池包和系统　第 3 部分：安全性要求与测试方法》(GB/T 31467.3—2015)要求。

3. 按规定期限进行定期检验。集装箱从出厂到第一次检验的间隔期不得超过 5 年，以后检验的间隔期不得超过 2.5 年。检验时间可提前或延后 3 个月。

4. 符合下列条件之一应当扣修：

(1)通用集装箱扣修标准。

(2)电池系统、制冷机组、远程监控系统故障，无法正常工作。

五、办理站

40英尺国际标准箱办理站；宜配备充电设备，充电设备接口应符合《电动汽车传导充电用连接装置　第3部分：直流充电接口》(GB/T 20234.3—2015)要求。

六、装运要求

1. 冷藏箱用于装运易腐货物，也可用于装运适箱非易腐货物。不得装运易污染、腐蚀、损坏箱体的货物。

2. 托运人应保证托运的易腐货物及其包装质量良好，根据需要对货物进行预冷并提出适宜的运输温度。为保证通风道畅通，易腐货物装载高度不得超过红色装载标识线，不得堵塞地板通风道，易腐货物运输条件、包装和装载方法可比照《鲜规》附件1、6、7规定办理。

3. 集装箱总重不得超过发站、到站的40英尺箱起重能力，集装箱吊具强度应当满足集装箱总重的要求。

4. 不得与角件不同的其他集装箱混合堆码。

5. 集装箱装卸使用具有减摇功能的集装箱专用装卸机械，吊具一侧无导板或采用可调式(翻转式)导板。装卸和搬运时应考虑电池端(前端)偏重，操作稳起轻放，避免冲撞，防止损坏集装箱。

6. 考虑车辆装用条件限制，集装箱总重不得超过34 000 kg。限使用以下车型装运：X_{6B}系列、X_{6C}系列、NX_{17B}系列、NX_{70}、NX_{70H}、BX_{1K}、X_{3K}、X_{4K}。其中，使用X_{6B}系列、NX_{17B}系列、NX_{70}、NX_{70H}、BX_{1K}型车时，集装

箱总重最大可达 34 000 kg；使用 X_{6C} 系列、X_{3K}、X_{4K} 型车时，集装箱总重不得超过 30 480 kg。

7. 起吊前，确认电池充电或冷机直供电电缆已分离，各接口端盖盖紧，控制面板安装盒盖锁闭到位。

8. 沿途各站发现箱门开启、附属件松脱等影响运输安全的问题，应当及时处理并报告。

9. 铁路局集团公司集装箱调度对冷藏箱应重点掌握，避免途中保留积压。

10. 运输冷藏箱的车辆禁止溜放。车站应在货物运单、特殊货车及运送用具回送清单上注明“禁止溜放”字样。需要使用货运票据封套时，应注明“禁止溜放”字样。

11. 车站负责冷藏箱开关机、温度设置、预检、充电等操作的人员，应经过业务培训，熟练掌握操作要求。“门到门”运输的冷藏箱，车站应对托运人、收货人进行操作培训。冷藏箱制造厂家负责提供操作手册和培训技术支持，并做好监控数据存储和分析，发现异常情况及时联系有关单位处理。